轨道交通建造关键技术研究丛书

地铁区间隧道零距离下穿运营车站矿山法施工关键技术

和孙文　惠世前　胡德华　刘永波　著

中 国 铁 道 出 版 社

2018年·北 京

内容简介

本书主要研究了全断面深孔注浆加固技术、地连墙拆除技术和开挖与支护技术，在分析零距离下穿对运营车站结构的影响基础上提出了“先右线后左线”的施工顺序，采用自动化实时监测技术分析了零距离下穿引起运营车站铁轨道床和隧道腰拱竖向、水平变形，腰拱与道床的竖向差异变形规律，形成了地铁区间隧道零距离下穿运营车站矿山法施工关键技术。

本书为城市轨道交通土建工程专业书籍，可作为从事轨道交通工程施工、设计、监理和建设管理技术人员的指导用书和继续教育用书，也可作为高校教师和研究生的参考用书。

图书在版编目（CIP）数据

地铁区间隧道零距离下穿运营车站矿山法施工关键技术 / 和孙文等著. —北京：中国铁道出版社，2018.6
（轨道交通建造关键技术研究丛书）
ISBN 978-7-113-24520-7

Ⅰ. ①地… Ⅱ. ①和… Ⅲ. ①地铁隧道-隧道施工
Ⅳ. ①U231.3

中国版本图书馆 CIP 数据核字（2018）第 103210 号

书　　名：轨道交通建造关键技术研究丛书
地铁区间隧道零距离下穿运营车站矿山法施工关键技术
作　　者：和孙文　惠世前　胡德华　刘永波

策　　划：傅希刚
责任编辑：陈小刚
编辑助理：梁　雪　　编辑部电话：010-51873065
封面设计：郑春鹏
责任校对：苗　丹
责任印制：高春晓

出版发行：中国铁道出版社（100054，北京市西城区右安门西街 8 号）
网　　址：http://www.tdpress.com
印　　刷：中国铁道出版社印刷厂
版　　次：2018 年 6 月第 1 版　2018 年 6 月第 1 次印刷
开　　本：880 mm×1 230 mm　1/32　印张：5.5　字数：142 千
书　　号：ISBN 978-7-113-24520-7
定　　价：26.00 元

作者简介

和孙文，男，1966 年 11 月出生，云南丽江人，纳西族，中共党员，武汉大学水利水电工程建筑专业学士，教授级高级工程师。现任中国水利水电第十四工程局有限公司总工程师、中国土木工程学会隧道及地下工程分会常务理事、中国大坝协会理事、中国工程爆破协会理事、云南省岩土力学与工程学会副理事长、云南省水力发电工程学会常务理事，享受国务院特殊津贴。自 1988 年 7 月参加工作以来，先后主持了广西龙滩电站等水利水电工程建设工作，对复杂地质条件下复杂地下洞室群的施工技术有深入的研究，工程实践经验丰富。主编《中国水利水电地下工程施工》一书，在《水利学报》等核心期刊发表学术论文 20 余篇，参与的项目获各级科技进步奖 20 余项，获得专利 50 余项，获“十一五”全国建筑业企业优秀总工程师、中国爆破行业有突出贡献科技专家等 10 余项荣誉称号。

惠世前，男，1974 年 2 月出生，中共党员，籍贯云南省曲靖市，高级工程师。现任中国水利水电第十四工程局有限公司轨道工程事业部书记兼深圳地铁 10 号线 1013-3 工区项目部项目经理，主要从事城市轨道交通、铁路工程、城市水环境工程、公路工程等行业建设投资管理、党建管理工作，先后参与了天生桥一级和二级水电站、郑雄大水沟水电站、掌鸠河饮水工程首部枢纽、泗南水电站、马鹿塘水电站、厄瓜多尔 CCS 项目、深圳地铁 7306 标工程建设、深圳地铁 10 号线 1013 标-3 工区等项目建设管理工作，历任技术员、副主任、主任、副经理、常务副经理、项目经理、党委书记等职务。截至目前，发表论文 11 余篇，申报专利 9 项，获省部级科技进步奖 2 项，以及荣获电建集团优秀项目经理称号。

胡德华，男，1967 年 3 月出生，河南信阳人，汉族，中共党员，南京建筑工程学院测量工程专业学士，高级工程师。现任中电建南方建设投资有限公司副总经理、深圳市建筑业协会重大项目评审专家。自 1993 年 7 月参加工作以来，先后参加或主持了北京地铁、湖北秭归吕家坪公路隧道、深圳地铁 1 号线、深圳地铁 4 号线、深圳水库污水截排隧道、深圳湖贝路地下通道、深港西部通道、深圳地铁 2 号线、深圳地铁 5 号线、湖北恩施许家坪隧道、深圳地铁 7 号线、深圳地铁 4 号线三期、深圳地铁 5 号线南延线、深圳地铁 9 号线支线、深圳地铁 10 号线等工程的建设，对隧道及地下工程施工技术有深入的研究，取得了许多研究成果。获得各级科学技术奖 11 项，获得专利 28 项，出版专著 3 部，发表论文 11 篇，获得中国电建铁路建设有限公司 2015、2017 年度优秀科技先进个人称号。

刘永波，男，1979 年 8 月出生，山东滨州人，汉族，中共党员，东北财经大学工程管理专业，高级工程师。现任中电建南方建设投资有限公司工程管理部主任。自 2002 年 7 月参加工作以来，先后参加了吉林省舒兰市小城水库除险加固工程、四川省洪雅市高凤山电站高喷钻孔工程、湖北省麻城市浮桥河水库除险加固工程、湖北省富水水库除险加固工程、四川省向家坝电站一期围堰灌浆工程、四川长河坝水电站防渗墙试验工程、四川沙湾电站尾水渠防渗墙工程、京沪高速铁路土建工程三标段桥梁钻孔桩工程、山西太原平阳景苑桩基及基坑支护工程、山西太原御祥苑 C 座桩基及基坑支护工程等十数个大中型地基处理工程、深圳地铁(7、4、5、9、10、12号线)、洛阳地铁(1、2号线)等多个大型地铁项目建设管理工作，对地基处理、深基坑、地铁建造的施工方法与技术应用有较深入的研究与见解，成功解决了多项施工技术难题。在《城市建设理论研究》、《基础工程技术》等刊物发表论文10余篇，参与的科技项目获得天津市、中施企协、集团公司等各级科技进步奖10余项，获得发明专利2项。

前　言

随着我国城市人口的不断增长，网络化运营地铁是解决交通堵塞的首选方法。目前，我国城市地铁建设正处于高速发展期，北京、上海、南京、深圳和广州等城市地铁已经成网，成都、沈阳、杭州、苏州、武汉和青岛等城市的地铁网已初步形成。地铁网中必然会有很多线路相互交叉，即上跨下穿，包括区间与区间的交叉，车站与区间的交叉，车站与车站的交叉等。如果地铁未一次规划到位，在先期建设的地铁线路中未给后期线路的建设预留上跨下穿条件，则新建地铁工程施工时不仅要确保自身的安全，还要确保穿越的运营线的安全，特别是超净距离条件下，设计和施工难度非常大。因此，新建地铁工程近距离穿越既有运营线施工时，必须采取适当的施工方法和辅助工法最大限度地减少对既有线的不利影响，确保线路的运营和结构的安全，已成为当前急需研究解决的技术难题。

深圳地铁7号线皇岗村站—福民站区间隧道与运营4号线福民站为零距离施工，且在空间上为立体交叉施工，施工过程运营车站结构受力复杂，且软弱地层零距离斜向下穿矩形小间距隧道矿山法施工引起运营车站结构沉降大，变形难以控制，从而对列车安全运行构成严重影响，施工风险较大。因此，进行地铁区间隧道零距离下穿运营车站矿山法施工关键技术研究有其重要意义。

本书主要研究了全断面深孔注浆加固技术、地连墙拆除技术和开挖与支护技术，在分析零距离下穿对运营车站结构的影响基础上提出了“先右线后左线”的施工顺序，采用自动化实时监测技术分析了零距离下穿引起运营车站铁轨道床和隧道腰拱竖向、水平变形，腰拱与道床的竖向差异变形规律，形成了地铁区间隧道零距离下穿运营车站矿山法施工关键技术。地铁富水复杂地层区间注浆加固施工工法和富水软弱地层零距离下穿既有地铁车站暗挖隧道施工工法获批中国电力建设集团工法。

本书第1章、第5章和第7章由和孙文撰写，第2章、第3章由惠世前撰写，第4章由胡德华撰写，第6章由刘永波撰写，全书由胡德华统稿。

本书在撰写过程中，参阅了许多专家学者发表的论文，在此向他们表示真诚的谢意！

本书在整理过程中，得到了李围、付艳军、杨光武、申鹏的帮助。中国铁道出版社的傅希刚、陈小刚和梁雪等编辑对本书的修改与完善提出了大量宝贵意见和建议。在此向他们一并表示感谢！

由于时间仓促，加之作者水平有限，书中如有不妥之处，恳请同行专家及读者给予批评和指正。

作　者

2018年5月

出版说明

截至 2017 年，我国城市轨道交通开通运营线路总长度达 3 862 km(118 条)，开通城市 29 个，其中步入网络化运营的城市共有 13 个，客运量达 176.8 亿乘次，全国共有 9 个城市网络日均进站量超过 100 万人次，共有运营员工 20.8 万人，平均每公里线路 54 人。

我国城市轨道交通占公共交通比例还很小(见表 1)，与国际化大都市差距大，轨道交通发展潜力还很大。例如，尽管上海运营里程突破了 680 km，为世界上轨道交通运营里程最多的城市，但其轨道交通占公共交通比例仅刚过 50%，其中多条线路已经超负荷运营，上下班时间拥挤不堪。而深圳已经完成了三期建设运营，轨道交通仅占公共交通的三分之一还不到。

表 1　世界各国大都市轨道交通占公共交通的比例

东京	伦敦	巴黎	莫斯科	上海	北京	深圳
86%	70%	70%	55%	54.6%	45%	32%

当前，我国轨道交通还处于高速发展期，特别是由于我国幅员辽阔，各区域地质差异较大，导致地铁的施工难易也不相同，因此，需要解决不同城市地质环境条件下地铁施工技术问题。

我国城市地质条件主要有：以上海、杭州等为代表的深厚软土层，以西安为代表的黄土地层，以成都为代表的砂卵石和漂石地层，以深圳、广州为代表的不同风化花岗岩组成的混合地层，以重庆、青岛为代表的岩石地层，以贵阳为代表的岩溶地层。其中，深圳混合地层主要为第四系全新统人工堆积层、海积层、海冲积层、冲洪积层、洪积层、上统更新坡积层、残积层震旦系混合岩和花岗片麻岩、震旦系混合岩和花岗片麻、燕山期花岗岩和加里东期混合花岗岩，地下水位位于地面以下 0.7～12.1 m。混合地层地铁施工难度最大，其主要地质问题如下：

1. 车站

范围内岩面高，基岩侵入车站范围内最大厚度达 14 m，地下连续墙入岩最大深度为 17.5 m，强度最高达 132 MPa，大倾角陡坡硬岩(45°)分布广泛。基坑控制爆破困难，成槽困难。

2. 盾构区间隧道

穿越地段基岩面起伏大、变化剧烈，硬岩、上软下硬、富水砂层、孤石、掘进中存在盾构机姿态难以控制、坍塌、涌水，地面沉降难以控制从而造成地面建筑物开裂损坏、盾构机易被卡住等。

3. 矿山法区间隧道

位于全强风化花岗岩中，顶部主要为砂质黏性土、素填土、中砂、粗砂等富水软土层，施工失水极易引起隧道变形、地面塌方等风险。再加上在深圳主城区修建地铁地上地下环境条件复杂，例如三期重大工程 7 号线穿越深圳主城区，全线正下穿既有建筑物 20 余栋，5 次下穿河流和湖泊，1 次上穿高速铁路，2 次下穿既有铁路，4 次下穿已运营地铁线，8 次下穿(或侧穿)既有桥梁，在华强北商圈核心地段与 7 号线同步实施华强北地下空间工程。

本套丛书结合我国目前正在大力修建的城市地铁重大工程,及时总结施工中研究形成的新技术并出版,为同城后期地铁工程的建设提供技术支撑和其他城市类似工程提供技术参考有其重要意义。

因此,中国铁道出版社与地铁建设相关单位合作,出版《轨道交通建造关键技术研究丛书》,期待为我国地铁工程新技术的进步贡献一份力量。

丛书策划:李围、傅希刚

2018 年 1 月 1 日

目　　录

第1章　绪　　论

1.1　立项背景

深圳地铁7号线皇岗村站至福民站矿山法区间(皇福区间)左右线隧道零距离下穿运营4号线福民站,福民站为地铁7号线的第十五站,为换乘车站。在建深圳市城市轨道交通7号线工程福民站位于福民路与金田路交叉口的东侧,车站主体沿福民路呈东西走向,西接皇岗村站,东接皇岗口岸站,车站西端与运营4号线福民站呈T形换乘,车站东端设置盾构接收井。所在地区所处的地貌单元为海冲积平原,场地为现状道路,地势平坦,地面高程为4.96～5.30 m。车站具体平面布置如图1.1-1所示。

隧道下穿运营4号线福民站段为矩形断面,隧道宽为6.6 m,高为7.665 m,右线长28.077 m,左线长28.877 m,左右线隧道平行布置,两隧道之间净距为8.9 m,隧道轴线与运营4号线福民站轴线呈75°夹角。新建车站地下连续墙与运营福民站地下连续墙之间的距离为3.0 m。运营4号线福民车站结构为两层两跨现浇钢筋混凝土框架结构,车站总长度为215.6 m,宽度为20.0 m。车站具体区间隧道工程布置如图1.1-2～图1.1-4所示。

皇福区间矿山法隧道采用顶板紧贴4号线福民站底板的“直墙暗挖”工艺,由于隧道断面内地质及拱顶地质为全—强风化花岗岩及砾质黏性土,围岩条件为富水软弱地层,矿山法暗挖施工对运营车站的沉降控制难度大、风险高。因此,开展地铁区间隧道零距离下穿运营车站矿山法施工关键技术研究具有重要意义。

图 1.1－1　平面布置图

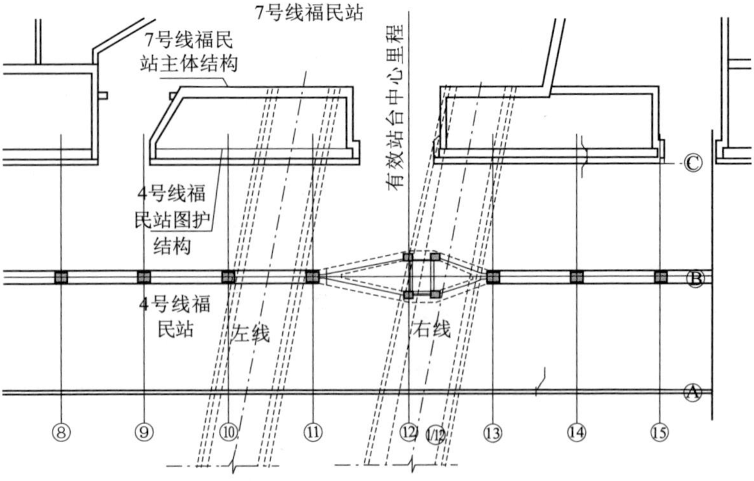

图 1.1－2　皇岗村站至福民站区间隧道工程平面布置图

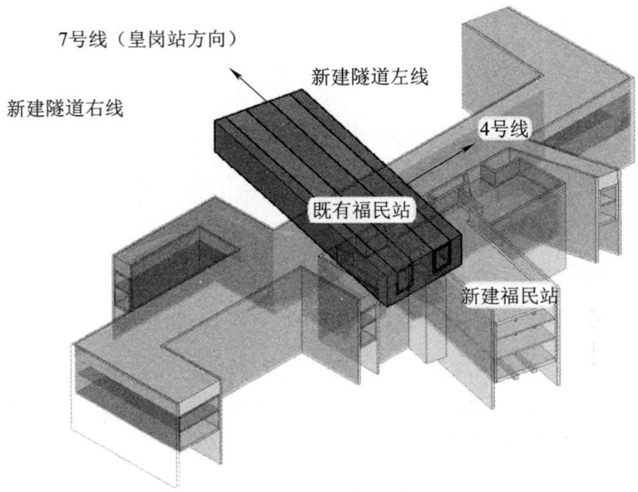

图 1.1-3 皇岗村站至福民站区间隧道工程三维透视图

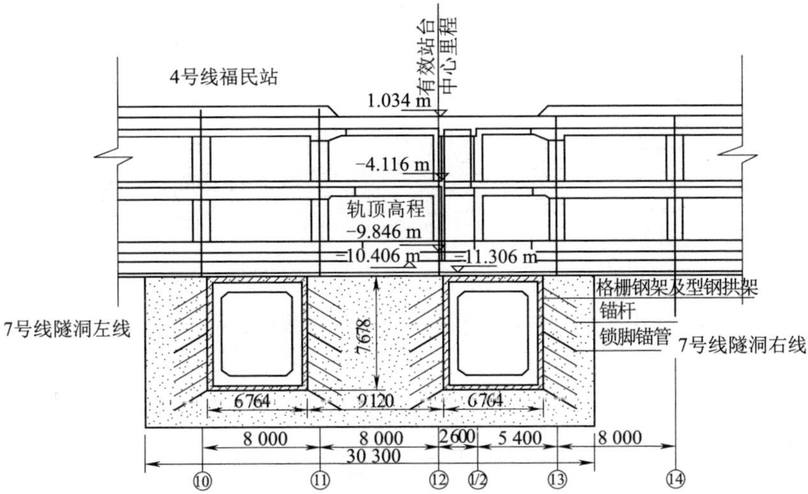

图 1.1-4 皇岗村站至福民站区间隧道工程二维横剖面图(单位:mm)

1.2 研究内容

结合深圳地铁 7 号线 7304-2 标皇福区间下穿 4 号线福民车站工程，对地铁区间隧道零距离下穿运营车站矿山法施工的各个环节、施工的各项关键技术以及施工对运营车站结构的影响进行了数值模拟和监控量测深入研究，主要内容包括以下 4 个部分：

1. 富水强风化花岗岩全断面深孔注浆与渗流特性分析

针对富水强风化花岗岩区间矿山法隧道，主要介绍注浆材料、参数、工艺和注浆效果检查方法，再进行多孔介质注浆扩散以及注浆二维、三维数值模拟计算，然后进行降水条件下和自然水面条件下隧道二维、三维渗流场分析，再进行渗流场流固耦合分析，建立富水强风化花岗岩全断面深孔注浆和渗流特性。

2. 零距离下穿运营车站矿山法施工技术

主要包括全断面深孔注浆加固技术、零距离下穿开挖与支护顺序、地连墙拆除技术、开挖与支护技术、零距离下穿二次衬砌施工技术、临时支撑拆除技术、下穿对运营车站的保护。

3. 零距离下穿对运营车站结构的影响数值模拟分析

主要包括隧道矿山法施工数值计算原理和方法、零距离下穿运营车站结构数值模拟分析模型的建立及计算参数的选取、施工过程仿真，最后对比分析了“先右线后左线”和“双线同时开挖”对运营车站结构的影响。

4. 零距离下穿运营车站监控量测技术

主要包括零距离下穿运营车站自动化监控量测技术的建立、测点布置与控制值，分析零距离下穿引起运营车站铁轨道床和隧道腰拱竖向变形以及隧道腰拱水平变形，腰拱与道床的竖向差异变形，监测与数值模拟结果对比分析。

1.3 研究方法和技术路线

本书依托深圳地铁7号线福民站与运营4号线换乘车站工程实际，结合数值仿真模拟方法和自动化监控量测手段，研究掌握平顶双线隧道零距离下穿运营车站过程中运营车站的力学变化规律，系统总结小间距双线隧道零距离下穿运营车站施工中的关键技术。总体研究思路如图1.3-1所示。

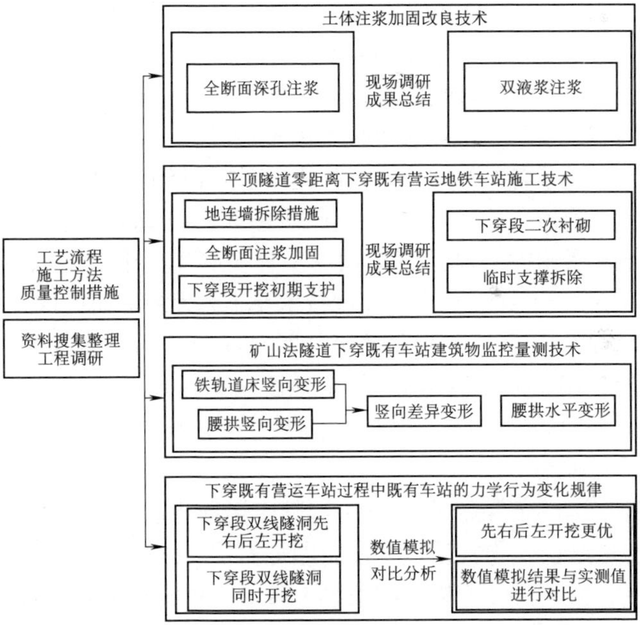

图1.3-1 加固—施工—量测—模拟关键技术体系研究框图

1.4 研究现状

目前国内外地铁建设正处于高速发展时期，在复杂城市环境中修建地铁车站不免要受到临近建筑物的限制和影响。近年来，关于地铁隧道下穿运营地铁车站、新建车站邻近运营车站及其他建筑物进行施工的工程越来越多，国内工程界已通过若干实例工程，总结积累了一些工程经验。如北京地铁 10 号线二期公主坟车站是与运营 1 号线的十字交叉换乘车站，10 号线下穿运营 1 号线，要求其施工引起的运营 1 号线公主坟站变形指标不大于 3 mm，设计采用平顶直墙＋多重预顶撑的 CRD 暗挖施工工艺进行施工；在北京地铁 10 号线国贸—双井区间穿越双井北天桥、京秦铁路桥、通惠河及国贸桥盾构施工中，在盾构穿越风险点前，通过设置试验段和数值模拟计算，优化施工参数，在穿越期间采取有效控制土仓压力、盾构机推进速度、螺旋输送机出土速度，调整注浆压力，加大注浆量和盾尾油脂用量，及时进行同步注浆和二次补浆等技术措施，确保了国贸—双井区间盾构安全顺利通过了各个风险点，各建(构)筑物沉降值均小于产权单位要求的最大沉降值。然而，在复杂富水条件下采用浅埋暗挖法施工平顶直墙隧道双线密贴穿越运营车站的工程实例尚无案例。以下列举了国外、国内关于下穿运营车站关键技术及工艺发展的研究成果。

文献[1]，介绍了一种埋藏深且所在地层均为伦敦黏土的情况。除在区段采用开放型盾构外，其余地段均采用新奥法施工。其中开挖进尺采用台阶法开挖。施工过程中对运营线进行了沉降、扭转等内容的广泛监测。

文献[2]，隧道穿越长度 270 m，其中场地土层由上至下依次为填土、黏土质淤泥土、淤泥质砂和砂质卵烁石层，土体稳定性差。开挖过程中，两隧道工作面距离基本保持在 75 m。量测结果表明，地表最大变形，隆起范围为 5～8 mm，下沉范围为 8～10 mm，均未超过规定的警戒限值。

文献[3]，采取了以下措施：①在新老结构间夹土层中分层打设管棚并进行高压注浆，形成约 3 m 厚的保护层，以强化土体保证工作面的稳定。②开挖时，先开挖侧洞，并施作初期支护，待初次衬砌封闭成环后再开挖中洞。

文献[4],介绍了采用水平孔冻结法,加固穿越段结构周围地层,使外围土体冻结,形成强度高、封闭性好的冻土帷幕,然后在冻土帷幕中进行分区、分层开挖施工。

文献[5],通过对北京地铁5号线崇文门站从运营地铁2号线下穿工程的研究,介绍了在施工中采取的跟踪注浆、全断面预注浆、回填注浆等多种加固措施,从而有效控制了上部结构的沉降。通过检测评估,经过多年的运行,运营结构基本上是完好的。

文献[6],以上海地铁明珠线二期上体场站工程的实际施工为背景,对上体场站穿越段施工全过程进行三维有限元分析,动态模拟了施工过程对地铁1号线底板、高架立柱等周围环境的变形影响。从而得出一些规律性的认识和有价值的结论,给施工提出一些有益的建议。

文献[7],主要介绍了ABAQUS仿真在科学和工程领域得到的实际工程案例。针对基坑开挖问题,国内外普遍采用的研究方法是有限元法,它不但可以用于求解非线性问题和模拟各种本构关系,还可以处理非均匀介质、异性材料的问题,并能适应各种边界问题。

文献[8],主要介绍弹塑性力学的基本方程,并在此基础上特别注意介绍各类问题的求解方法及其在工程实践中的应用。

文献[9],高铁车站施工作为高铁建设的重要部分之一,存在着工序多、施工难度大的特点,由此给施工组织带来相当严峻的考验。该文献就高铁车站施工要点、控制措施及站场施工组织管理应注意的事项进行了探讨和分析。

文献[10],以软弱地层为条件,地铁车站深基坑施工在围护结构施工、开挖施工、主体结构施工阶段的变形规律和失稳状况比一般地区城市深基坑更加复杂,具体表现为施工期间的深基坑围护结构与主体结构对周边环境会产生不良影响,易引起较大的地表沉降,给工程施工造成重大安全隐患。为解决这一问题,以大连地铁某车站为研究对象,首先,基于FLAC 3D构建该地铁车站深基坑数值分析模型,模拟施工开挖过程,分析软弱地层地铁车站深基坑变形特征及地表沉降趋势;然后,根据仿真数据与现场实际监测数据的对比,进行深基坑开挖过程安全性分析,绘出地表沉降对比分析曲线,给出深基坑工程引起地表沉降变化的动态趋势,探讨软弱地层地铁车站周围地表沉降预测方法。

文献[11],以深圳地铁 5 号线为例,总结十几年来深圳地铁盾构施工技术。介绍了深圳地质特点和盾构适应性,着重介绍深圳复合地层盾构道具配置、始发、空推、平移、端头加固等关键技术,并通过工程实例,介绍盾构通过建筑物、河流、铁路、硬岩和孤石处理方法,提供深圳盾构法施工的宝贵经验,展现盾构法施工的最新技术和应用成果,为国内盾构法施工提供很好的范例。

文献[12],针对南水北调北京西四环暗涵穿越五棵松车站工程的特点,提出了限速运营沉降控制标准,制定了穿越施工方法及预加固方法,并建立了三维有限元模型,预测了既定施工方法下车站及地表的沉降,并通过数值模拟分析了穿越段双线隧道工面错距,注浆横通道与车站结构间距、长管注浆加固效果对沉降的影响;结果显示保证 6 m 的工作面错距可以减小变形缝差异沉降,注浆通道与车站结构的距离对运营结构沉降影响不大。最后将数值模拟结果与监测数据进行了对比。

文献[13],大断面隧道因其跨度大、形状偏于扁平,而在施工过程中表现出独有的力学特点,因此在施工中大断面隧道产生的环境效应要远大于普通隧道。而采用浅埋暗挖法在地铁运营线下开挖、修筑大断面隧道无疑是对隧道施工技术的挑战。由于环境对象的特殊性(运营线为动态运营的地下铁路线,决定了新线隧道的施工必须采取“一个中心,两项安全”的原则),即以运营线的正常运营为中心,保证运营结构的安全使用和新线隧道的安全施工。使老线的运行和新线的施工协调一致。将每一步施工引起的运营线变位控制在分步变位控制标准以内,最终实现整体变位的有效控制。

文献[14],介绍了浅埋暗挖地铁车站穿越运营地铁隧道施工地表沉降、运营线的变形控制对施工和运营安全具有重要意义。该文献以北京地铁 4 号线西单站的地铁开挖过程为例，在详细研究该区工程地质条件和地铁设计参数的基础上，采用 FLAC 3D 工程分析软件对地铁开挖过程及其引发的地表、拱顶及运营隧道的变形规律进行了数值模拟分析，优化开挖施工方案，模拟动态施工过程，合理设计隧道开挖步序，并对施工中的监控量测提出建议，指导地铁安全运行。

文献[15]，以广州地铁体育西路车站为研究对象，通过数值计算模拟新建地铁线车站下穿运营地铁车站时的施工过程，分析下穿车站对运营车站的影响，主要研究以下几个内容：①计算采用弹塑性三维有限元的地层与结构共同作用模式；②研究施工中地表沉降对运营线运营的影响，合理选取力学参数和支护结构参数；③为了便于暗挖隧道施工的监控量测，研究地铁暗挖隧道施工对运营结构物安全的评价指标和方法，并参考以往施工经验，计算得出地表沉降控制值，作为施工监控量测的指标。

文献[16]，北京地铁 10 号线国贸—双井站区间下穿运营地铁 1 号线段位于繁华闹市区，新结构在运营结构下方 1 m 处通过，采用浅埋暗挖法施工。该文献通过对事先评估、设计、施工、监测等一系列工作对此处特级风险点工程全过程进行总结。

文献[17]，以北京地铁 5 号线崇文门车站（大跨暗挖车站）下穿运营地铁隧道的施工为研究对象，通过多次论证、试验探索及工程实践，车站终于在满足运营线结构和运营安全的条件下顺利完成。

文献[18]，结合北京地铁 5 号线崇文门站穿越运营环线地铁的成功范例，从程序和管理角度来探讨如何进行新建地铁穿越运营轨道交通线路工程中对运营线的安全风险控制。

文献[19]，介绍了北京地铁 5 号线下穿运营 2 号线区间隧道的工程实例，着重将隧道下穿运营地铁线这类工程问题，从决策、设计和浅埋暗挖法施工的角度，对运营结构物的动态响应规律、新旧结构物的合理间距、运营地铁变位的过程控制和工后的恢复等方面进行深入的研究。

文献[20]，在现有隧道工程施工过程数值模拟的基本理论和分析方法的基础上，应用平面应变弹塑性、三维弹塑性模型和有限单元法研究了浅埋隧道施工过程中围岩及支护结构力学行为变化过程，并将其应用于实际工程，取得良好效果。

文献[21]，在紧密结合深圳地铁大剧院—科学馆区间实际工程背景的基础上，进行了相关的研究和分析，为了使研究成果合理可靠，综合运用多种研究手段，以相互印证和取长补短。

文献[22]，以北京地铁穿越工程为研究对象，对运营地铁车站结构及轨道所受的影响情况进行分析并提出新线车站穿越运营车站的安全控制措施体系。

文献[23]，介绍新建浅埋暗挖隧道近距离下穿运营地铁隧道的关键控制技术，结合北京地铁 5 号线崇文门站下穿运营地铁 2 号线区间隧道工程，主要包括：对运营地铁的现状进行全面调查评估；根据现状评估结果并结合理论分析和类似工程经验确定运营地铁的变形控制标准；通过有限元分析方法等进行新建隧道施工对运营地铁影响的预测分析；对主要施工方案进行优化，并选取超前大管幕、掌子面注浆、补偿注浆等辅助措施；根据数值分析结果并结合运营工程经验，将主要控制标准按施工步序进行分解，实施控制标准的分阶段控制；通过远程实时监控系统即时监测和分析运营地铁的动态变化，对出现的结构开裂、沉降过大等异常情况及时采取灌浆加固、注浆抬升等处理措施，确保运营地铁的正常安全运营。

文献[24]，介绍地铁 5 号线崇文门车站近距离下穿地铁 2 号线的施工方法及控制运营线结构施工变形的主要措施。

本工程主要是采取 CRD 施工法。CRD 又称交叉中隔壁法，在软弱围岩大跨隧道中，先开挖隧道一侧的一部分，施作部分中隔壁和横隔板，再开挖隧道另一侧的一部分，完成横隔板施工；然后再开挖最先施工一侧的最后部分，并延长中隔壁，最后开挖剩余部分。主要应用于Ⅳ级围岩浅埋、偏压地段以及Ⅴ级围岩段的施工。CRD 法施工过程涉及土体开挖、施作及拆除仰拱隔壁、压力管注浆等一系列复杂的过程，涉及模型及部分材料的状态变化。

第 2 章　依托工程概况

2.1　设计概况

深圳地铁 7 号线 7304-2 标皇岗村—福民区间呈东西走向，起点为皇岗村站东端，沿福民路向东下穿 4 号线福民站车站，至 7 号线福民站西端，区间左线全长 392.499 m，右线全长396.077m。

皇—福区间隧洞零距离下穿运营 4 号线福民站，下穿段右线长 28.059 m(里程 YDK18＋195.542～YDK18＋223.601)，左线长 28.877 m(里程 ZDK18＋191.183～ZDK18＋220.060)，断面形式为矩形，宽 6.6 m，高 7.885 m；左右线隧道平行布置，净距为 8.9 m；隧道轴线与运营 4 号线福民站轴线呈 75°夹角。新建车站地下连续墙与运营福民站地下连续墙之间的距离仅为 3.0 m。

4 号线福民站为地下二层车站，围护结构采用地下连续墙支护，地下墙与内衬墙作叠合式结构，地下连续墙厚 800 mm，内衬墙厚 400 mm，底板厚 900 mm；下穿段隧道采用紧贴 4 号线底板的“全断面注浆＋CRD 平顶直墙暗挖”的设计方案，开挖前对隧道间及隧道外轮廓 3 m 范围土体进行超前深孔注浆加固，并对侧壁进行超前小导管补注浆加固。

下穿段需穿越 7 号线、4 号线车站围护结构(共三道地下连续墙)，初期支护采用型钢钢架＋全包双层 ϕ8 钢筋网@150 mm ×150 mm＋喷射 350 mm 厚 C25 早强混凝土，二次衬砌采用全包柔性防水层＋600 mm 厚模筑 C35 P10 钢筋混凝土，如图 2.1 所示。

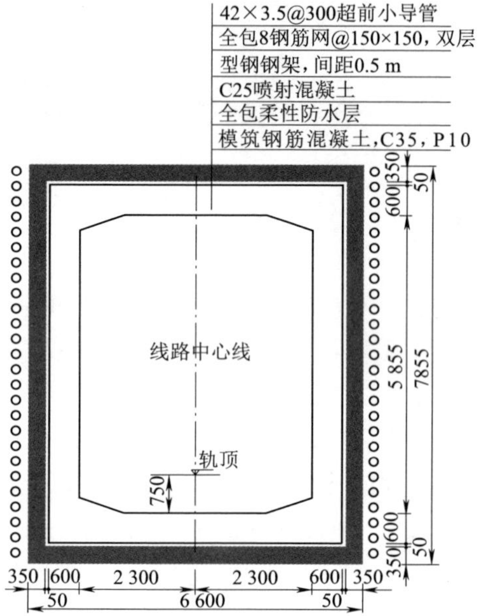

图 2.1　下穿段断面示意图(单位:mm)

2.2　位置关系

皇福区间下穿运营地铁 4 号线福民站段的三维透视图、平面图、剖面图关系如图 2.2－1～图 2.2－4 所示。

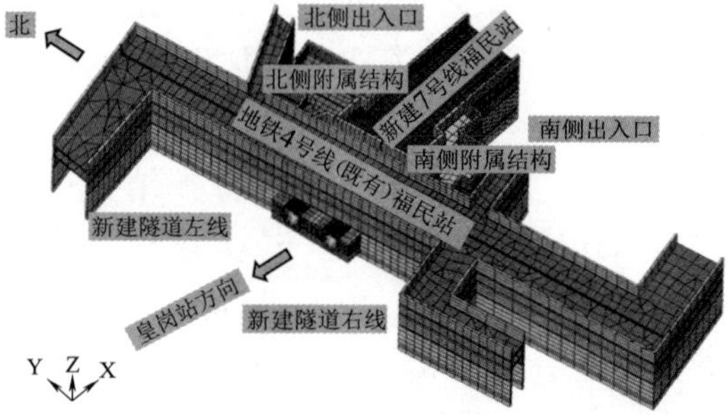

2.2－1　皇福区间下穿 4 号线福民站段三维透视图

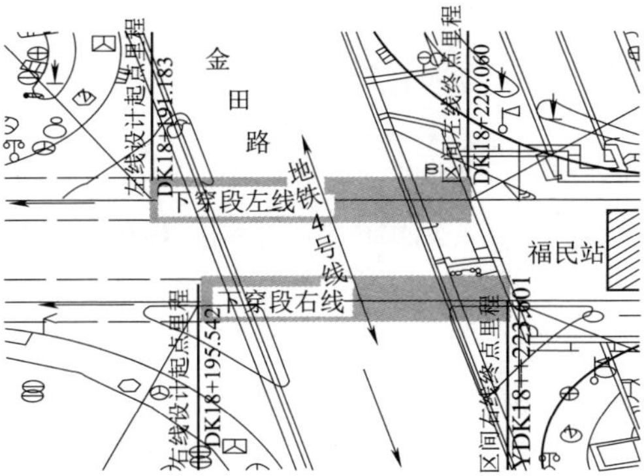

图 2.2-2　皇福区间下穿 4 号线福民站段位置关系平面图

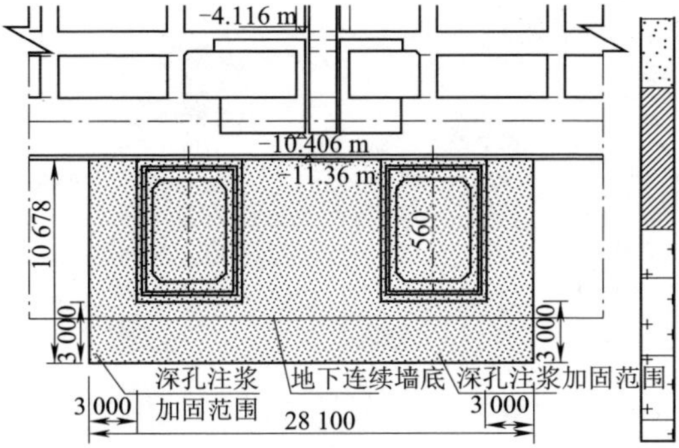

图 2.2-3　皇福区间下穿 4 号线福民站段位置关系横剖面图(单位:mm)

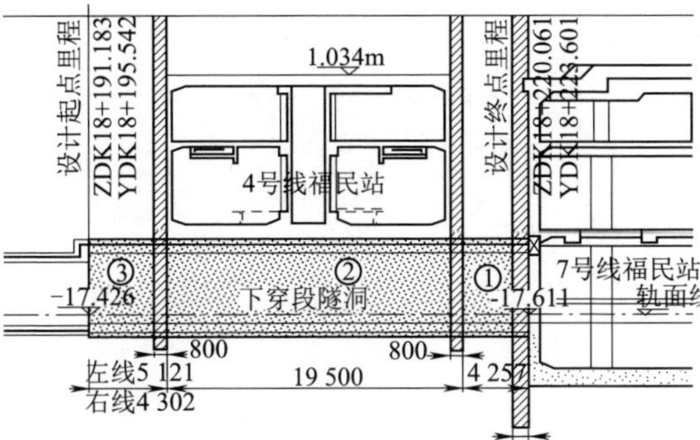

图 2.2-4　皇福区间下穿 4 号线福民站段位置关系纵剖面图(单位:mm)

2.3　周边环境

1. 周边建筑情况

皇—福区间线路位于福田区福民路上，福田区是深圳市委、市政府所在地，是深圳市的行政、文化、信息、国际展览和商务中心；下穿运营 4 号线福民站段位于福民路与金田路交叉口，路面车辆行人较多，周边建筑与下穿隧道距离较近，主要有福田妇幼保健院（距离 20 m）、福民佳园（距离 44 m）、皇安大厦（距离 40 m）、知本大厦（距离 35 m）；4 号线福民车站内客流量较大，如图 2.3 - 1 所示。

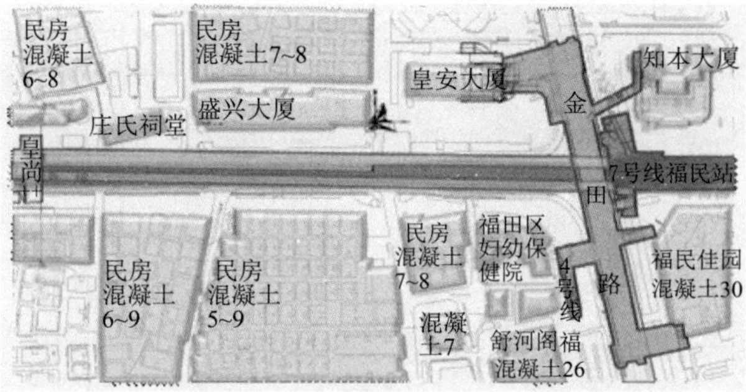

图 2.3 - 1　区间周边环境平面示意图

2. 地下管线情况

道路两侧存在密集的地下管线，主要有燃气、给水、污水、雨水等，安全风险较高，管线统计见表 2.3 - 1。管线分布情况如图 2.3 - 2所示。

表 2.3 - 1　下穿段隧道周边管线统计表

序号	管线名称	数量	埋深(m)	规格型号	材质	走向	备注
1	燃气	1	1.04ϕ2.3	ϕ150	钢管	南北	福民与金田路口
2	污水	3	2.65ϕ2.5	ϕ600	混凝土	南北	福民与金田路口

续上表

序号	管线名称	数量	埋深(m)	规格型号	材质	走向	备注
3	雨水	3	3.3ϕ3.25	ϕ1 350	混凝土	南北	福民与金田路口
4	雨水	1	3.25ϕ3.67	ϕ1 800	混凝土	东西	右线隧道上方
5	给水	1	1.56ϕ1.42	ϕ600	钢管	南北	福民与金田路口
6	给水	1	1.3ϕ1.5	ϕ300	钢管	东西	右线隧道右上方

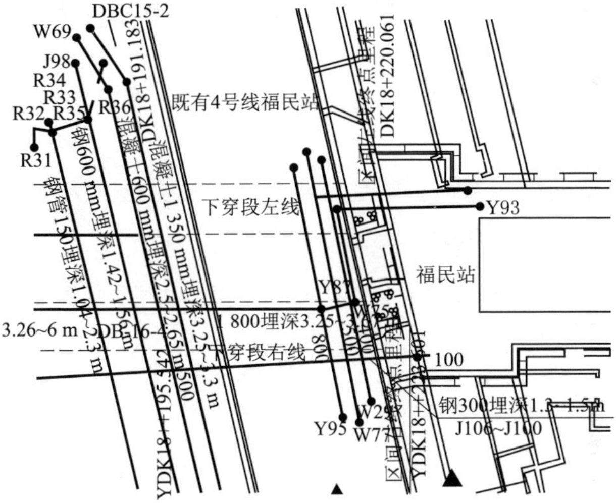

图 2.3-2　下穿段隧道管线分布情况示意图

2.4 工程地质与水文地质

1. 工程地质情况

根据设计勘察资料情况，皇福区间下穿 4 号线福民站段地质情况从上往下依次为第四系全新统人工堆积层[素填土(黏性土、砂、碎石)]→第四系全新统冲洪积层(淤泥质黏土)→第四系上更新统冲洪积层(黏土、粉质黏土、中砂、粗砂)→第四系残积层(砾质黏性土)→燕山期花岗岩(全～微风化花岗岩)→构造岩性(强风化、中等风化碎裂岩)。皇福区间下穿 4 号线隧道断面内地质及拱顶地质为全～强风化花岗岩及砾质黏性土，地质相对较均匀。隧道穿越主要地层岩土物理力学参数见表 2.4，皇福区间下穿 4 号线福民站地质纵剖图如图 2.4－1 和图 2.4－2 所示。

2. 工程水文情况

根据设计勘察资料情况，皇福区间 7 号线下穿 4 号线福民站段地下水按赋存条件主要分为松散岩类孔隙水及基岩裂隙水，孔隙水主要赋存在第四系砂层、黏性土及残积层中，砂层地下水略具承压性。基岩裂隙水主要赋存在花岗岩强～中等风化层中，略具承压性。地下稳定水位埋深 1.20～5.80 m，稳定水位高程－0.86～3.91 m，水位变幅 0～4.60 m。

地下水的排泄途径主要是蒸发和以径流方式流入河、海。补给来源主要为大气降水及地表水的渗透。

表 2.4　隧道穿越主要地层岩土物理力学参数表

岩土分层	岩土名称	天然密度	天然含水率	孔隙比	承载力特征值	无侧限抗压强度	静止侧压力系数	基床系数		泊松比	黏聚力	φ	渗透系数
		(kN/cm^3)	(%)	—	(kPa)	(kPa)	—	垂直	水平	—	(kPa)	(°)	(m/d)
①$_1$	素填土(黏)	1.86	22	0.824	90	—	0.68	12	18	0.41	10	12	0.3
①$_2$	素填土(砂)	1.9	25.0	—	90	—	0.69	12	18	0.41	9	12	5.0
①$_3$	素填土(碎)	1.95	—	—	100	—	0.67	10	18	0.40	9	11	20
④$_2$	淤泥质黏土	2.01	21.8	0.639	80	28	0.52	8	12	0.34	29.5	17.5	0.001
⑤$_4$	黏土	1.89	27.1	0.802	160	75.0	0.48	20	32	0.32	22.5	22	0.5
⑤$_5$	粉质黏土	1.94	26.3	0.75	160	—	0.50	20	32	0.33	37.5	16.5	0.5

续上表

岩土分层	岩土名称	天然密度	天然含水率	孔隙比	承载力特征值	无侧限抗压强度	静止侧压力系数	基床系数		泊松比	黏聚力	φ	渗透系数
		(kN/cm³)	(%)	—	(kPa)	(kPa)	—	垂直	水平	—	(kPa)	(°)	(m/d)
⑤9	中砂	1.95	—	—	200	—	0.35	15	25	0.26	5.0	35.0	10
⑤10	粗砂	1.95	—	—	210	85	0.31	18	30	0.24	5.0	38.0	30
⑦1	砾质黏性土	1.77	32.9	1.001	220	105.0	0.41	35	45	0.29	30	24.5	0.2
⑧1	全风化花岗岩	1.79	27.0	0.893	300	—	0.38	60	90	0.28	33	26	0.5
⑧2	强风化花岗岩	1.84	20.5	0.757	500	—	0.29	90	120	0.22	45	30	1.5
⑧3	中风化花岗岩	2.5	—	—	1 500	—	0.30	—	—	0.23	—	—	2.0
⑧4	微风化花岗岩	2.65	—	—	3 000	—	0.28	—	—	0.22	—	—	0.2
⑬3	中风化碎裂岩	2.65	—	—	1 200	—	0.32	—	—	0.24	—	—	3.5

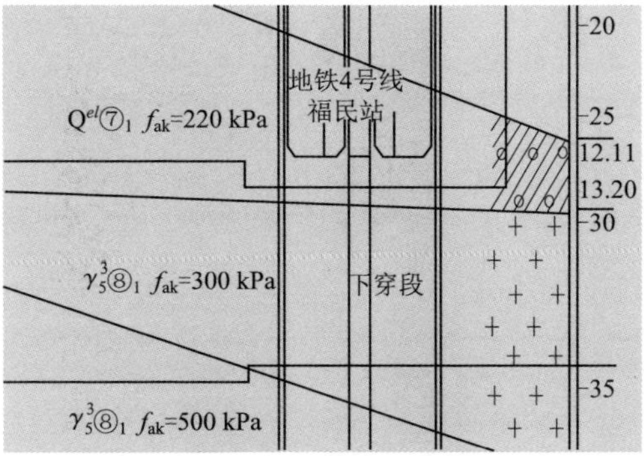

图 2.4－1　皇福区间下穿 4 号线福民站段左线地质纵剖图

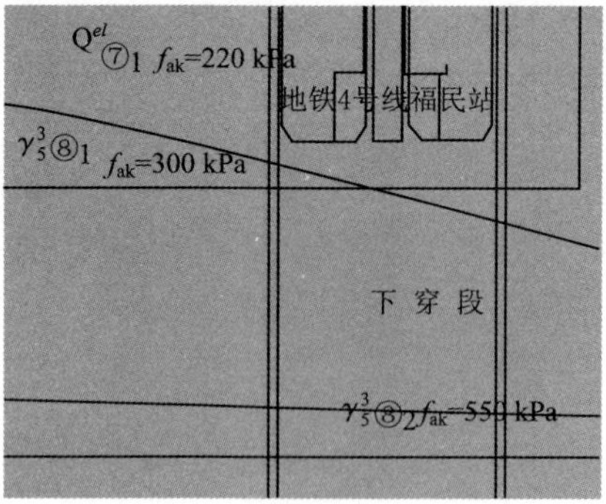

图 2.4-2 皇福区间下穿 4 号线福民站段右线地质纵剖图

第3章　富水强风化花岗岩全断面深孔注浆与渗流特性分析

3.1　注浆材料、参数及工艺

3.1.1　注浆材料

水泥—水玻璃类浆液是以水泥和水玻璃为主剂，两者按一定的比例采用双液方式注入，必要时加入缓凝剂（磷酸氢二钠）所形成的注浆材料，是一种用途极广泛，使用效果良好的注浆材料。

注浆材料原则上采用水泥水玻璃双液浆（体积比为水泥浆∶水玻璃浆＝1∶0.8、水泥浆的水灰比为0.8～1）。注浆材料的配合比应根据地层情况和胶凝时间要求，并经过试验而定，一般地：

(1)采用水泥浆液时，水灰比可采用(0.8∶1)～(2∶1)，需缩短凝结时间，则可加入氯盐、三乙醇胺速凝剂。

(2)采用水泥—水玻璃浆液时，水泥浆的水灰比可采用(0.8∶1)～(1.5∶1)；水玻璃浓度为25°Bé～40°Bé，水泥浆与水玻璃的体积比宜为(1∶1)～(1∶0.3)。

(3)如遇地下水大时，另加入化学材料，以加快凝结速度。

在注入过程中应严密监视压力情况，控制注浆压力在2～5 MPa以内，以防止高压使隧道变形。提钻时间应根据现场情况确定，原则每分钟不超过10 cm。注浆施工时，浆液类型的选择原则是根据岩溶水赋存情况和涌水量大小而确定。

以上两种注浆材料各有所长，在注浆堵水过程中配合使用。

3.1.2　注浆压力

注浆压力是注浆施工中的重要参数，它关系到注浆施工的质量以及是否经济。因此，正确确定注浆压力和合理运用注浆压力有着重要的意义。注浆压力与砂层空隙发育程度、涌水压力、注浆材料的黏度和凝胶时间长短等有关，目前均按经验确定，通常情况下按经验式计算。

按已知的地下水静水压力计算，设计的注浆压力(终压值)为静水压力的 2～3 倍，最大可达到 3～5 倍。

根据注浆处地层深度计算注浆压力，即

$$P=KH \tag{3.1-1}$$

式中 P——设计注浆压力(终压值)(MPa)；

H——注浆处深度(m)；

K——由注浆深度确定的压力系数，压力系数 K 的取值见表 3.1-1。

表 3.1-1 压力系数 K 取值表

注浆深度(m)	<8	10～12	12～16	16～20	>20
K	0.023～0.021	0.021～0.020	0.020～0.018	0.018～0.016	0.016

3.1.3 注浆工艺及方法

1. 注浆工艺流程图

注浆设备主要由搅拌机、注浆泵和钻孔机组成，设备如图 3.1-1所示，注浆工艺流程如图 3.1-2 所示。

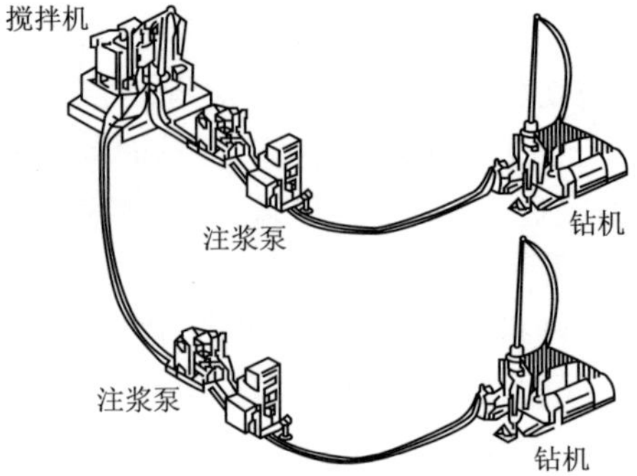

图 3.1-1 注浆设备图

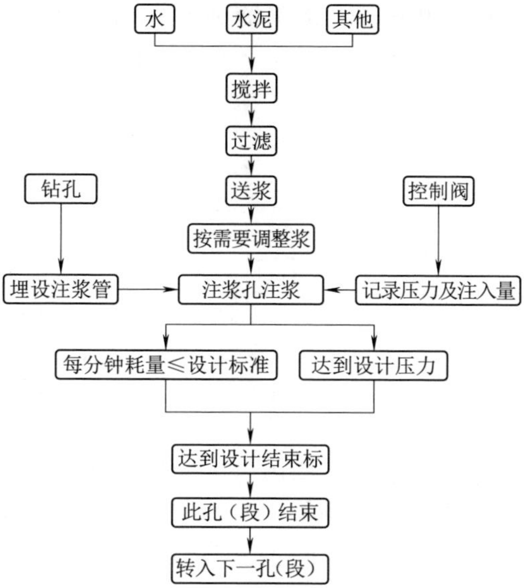

图 3.1-2　注浆工艺流程图

2. 全断面注浆方法

根据地质条件将采用深孔帷幕注浆工法注浆施工工艺，CRD 法全断面注浆采用水平注浆，7 m 为一开挖循环，每循环钻孔深度为 6～9 m，注浆深度为 6～9 m，保护层为 2～3 m。

(1)如图 3.1-3 中(a)所示，第 1 和第 3 上半断面注浆第一排孔距按 60 cm 梅花形布置，第二排孔距按 80 cm 梅花形布置，第三排孔距按 100 cm 梅花形布置，第四排孔距按 100 cm 梅花形布置，第五排孔距按 100 cm 梅花形布置，孔深 6～9 m，注浆深度为 6～9 m，保护层为 2～3 m，9 m 的外围钻孔入射角度为 20°～25°。

(2)第 2 和第 4 下半断面注浆第一排孔距按 100 cm 梅花形布置，第二排孔距按 100 cm 梅花形布置，第三排孔距按 100 cm 梅花形布置，第四排孔距按 80 cm 梅花形布置，第五排孔距按 60 cm 梅花形布置,孔深 6～9 m, 注浆深度为 6～9 m,保护层为 2～3 m。9 m的外围钻孔入射角度为 20°～25°。注浆孔具体布置形式如图 3.1-3所示。

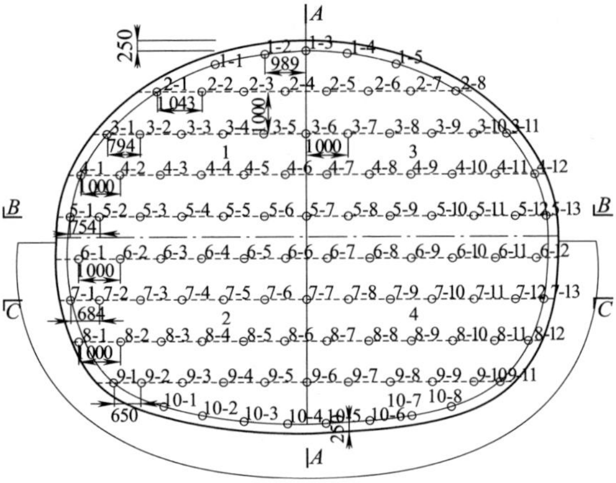

(a) 注浆孔布置图

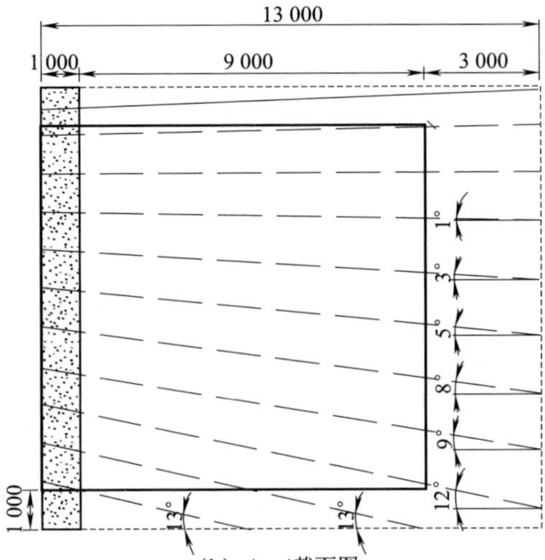

(b) A—A截面图

图 3.1-3 隧道 CRD 法开挖注浆孔布置图(单位:mm)

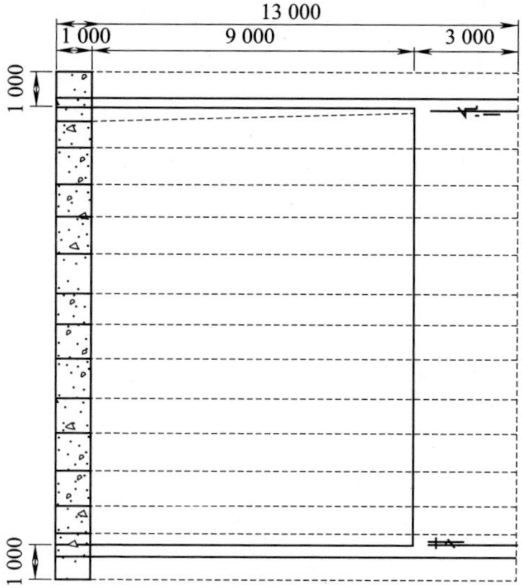

（c）*B*–*B*截面图

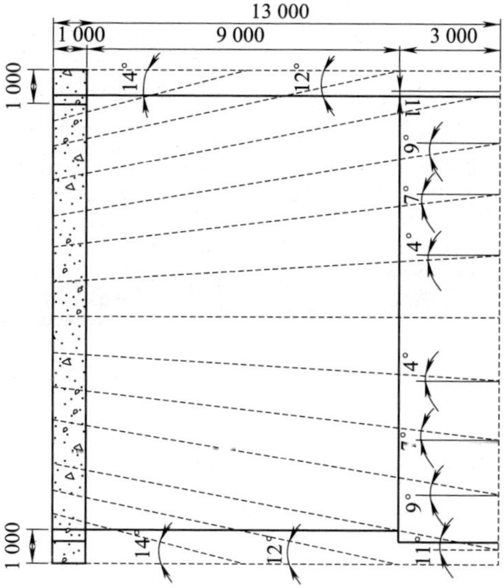

（d）*C*–*C*截面图

图3.1-3　隧道CRD法开挖注浆孔布置图(单位:mm)(续)

3.2 注浆效果检查方法

注浆效果检查以压水检查或取芯检查为主,分析注浆资料及检查孔内涌水量为辅。压水检查是注浆结束后,在该注浆断面布置2~3个检查孔,进行压水检查,在设计压力下,注入率小于10 L/min为合格。压水检查压力采用注浆压力的0.8倍,且不大于1 MPa。

注浆后,必须在分析资料的基础上进行注浆效果检查,采取钻孔取芯观察浆液填充情况,同时按照要求对芯样进行抗压试验,抗压强度不低于0.8 MPa。注浆结束后检查孔内涌水量不大于0.2 L/min·m,且某一处的漏水量不大于10 L/min,即为合格。当检查不合格时,进行补孔加密注浆,注浆结束后注浆钻孔及检查孔应封填密实。注浆前后土体钻芯取样如图3.2-1和图3.2-2所示,注浆后钻孔取芯的强度都大于0.8 MPa,满足要求。

图3.2-1 注浆前土体钻芯取样图

图3.2-2 注浆后土体钻芯取样图

3.3 多孔介质注浆扩散数值计算

3.3.1 模型建立

多孔介质中黏性浆液扩散广泛存在岩土工程地基加固、碎裂带矿山法隧道工程围岩加固及止水等工程。通过假定孔隙和渗流两种模型建立了黏性浆液在多孔介质中的传递扩散模型，假定孔隙模型流体为宾汉流体，利用 COMSOL Multiphysics 多物理场耦合软件数值模拟对结果进行了分析，讨论了注浆范围和注浆压力随注浆时间的变化。

由对称性，取注浆一侧建立了二维计算模型，模型尺寸中注浆孔半径为 0.02 m，模型左边界设置为对称边界，上下边界和右边界设置为流出边界，注浆孔边界为流入边界，模型及网格划分如图 3.3－1所示，计算参数选取见表 3.3－1。

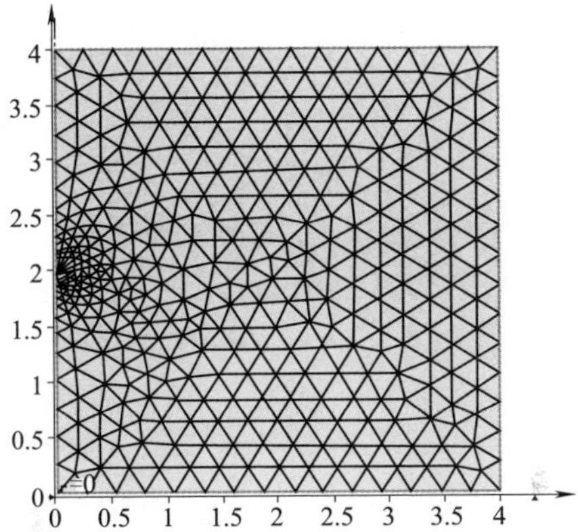

图 3.3－1　模型及网格划分(单位:m)

表 3.3－1　计数值模拟计算参数

孔隙初始压力(MPa)	浆液黏度	注浆速率
0.1	0.04	0.2

3.3.2　计算结果

对模型进行瞬态分析，得到不同时刻的压力分布和浆液扩散形态，如图 3.2－2 和图 3.2－3 所示。其中浆液填充孔隙效果以等效饱和率表示，1 代表浆液完全填充孔隙，0 表示浆液尚未填充孔隙。结果显示，浆液以注浆孔为圆心向外扩散，注浆孔处注浆压力随着注浆过程不断增大，注浆区域内浆液压力与浆液填充分布范围相同，模拟效果良好。

在注浆速度 0.2 m/s 时，通过瞬态分析，得到了不同注浆时间的注浆半径、注浆压力变化情况，注浆范围内的浆液压力分布情况以及注浆压力随注浆半径变化情况，如图 3.3－4～图 3.3－7 所示。

由图 3.3－4 可以看出，随着注浆时间的推移，注浆半径呈幂指数形式增大，注浆前期，注浆半径增幅较大，注浆后期，注浆半径随注浆时间的推移增速缓慢。因此，在实际工程中，合理布置注浆孔数目将大大提高注浆效率。

由图 3.3－5 可以看出，当注浆时间小于 10 s 时，注浆压力急剧增大，迅速趋于稳定；当注浆时间大于 10 s 时，注浆压力将不随注浆时间发生明显变化。因此，在实际工程中，可将注浆时间等于 10 s 时的注浆压力取为设计压力。

由图 3.3－6 可以看出，当注浆半径小于 0.2 m 时，此时由于浆液流动速度较大，浆液剪应力较大，所以注浆压力迅速增大；当注浆半径大于 0.2 m 时，浆液流动速度逐渐减小，浆液剪应力较小，所以注浆压力增幅不大。

由图 3.2－7 可以看出，孔隙内浆液压力随浆液半径呈对数形式分布，在 1 倍注浆孔半径范围内迅速减小，大致减小为注浆压力的一半，在 1 倍注浆范围外，浆液压力逐渐减小，并最终等于孔隙内大气压值。

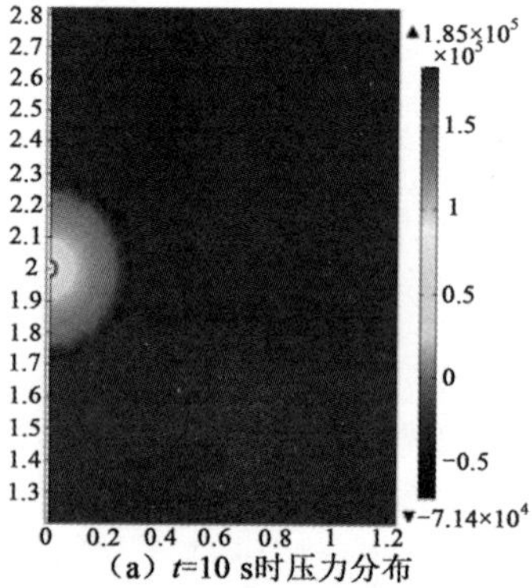

（a）t=10 s时压力分布

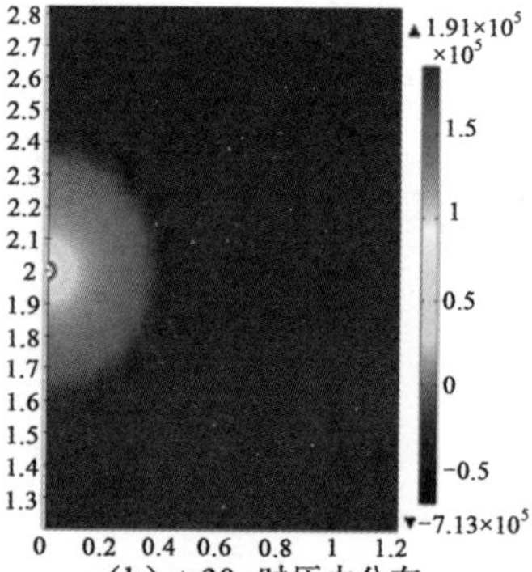

（b）t=30 s时压力分布

图 3.3－2　不同时刻的压力分布(Pa)

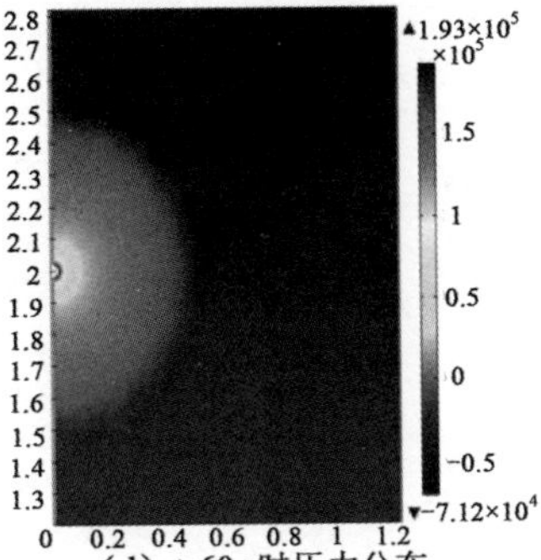

（d）t=60 s时压力分布

图 3.3－2　不同时刻的压力分布(Pa)(续)

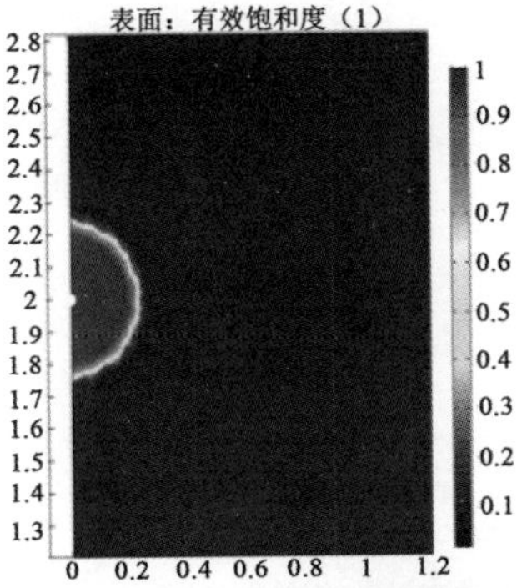

（a）t=10 s时浆液扩散形态

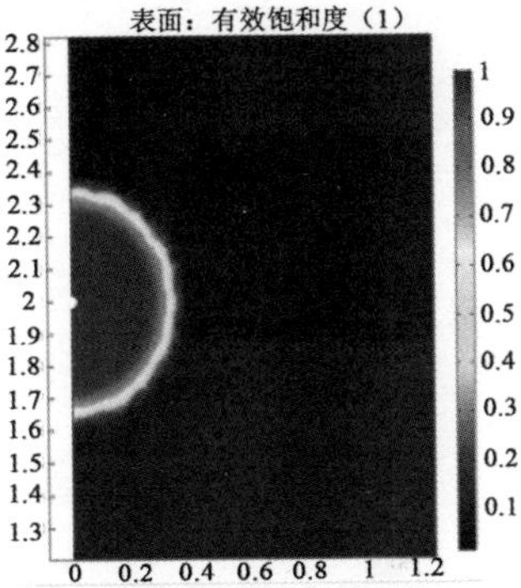

（b）t=30 s时浆液扩散形态

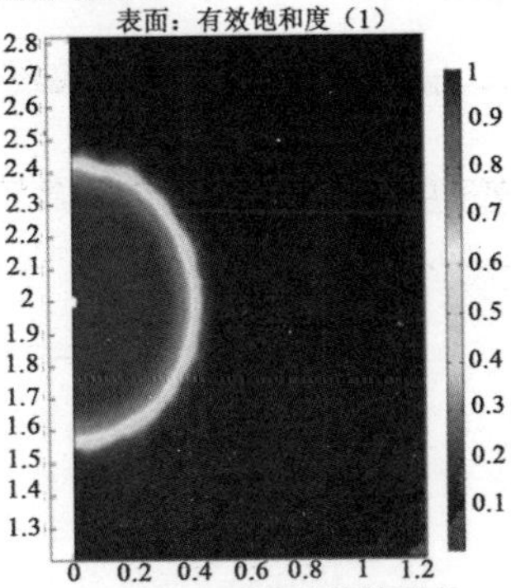

（c）t=60 s时浆液扩散形态

图 3.3－3　不同时刻的浆液扩散形态

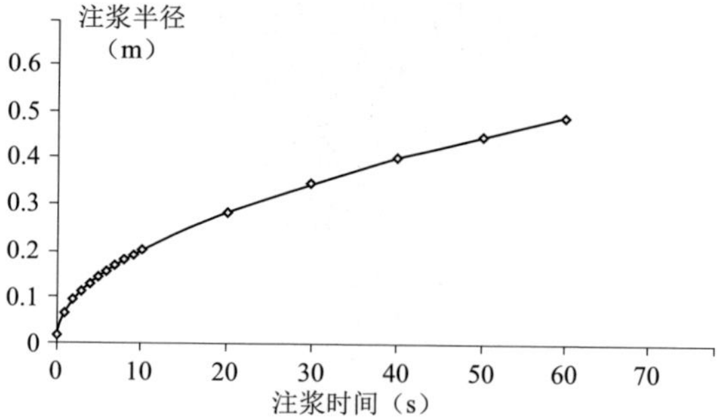

图 3.3-4　注浆半径随注浆时间变化(注浆速度为 0.2 m/s)

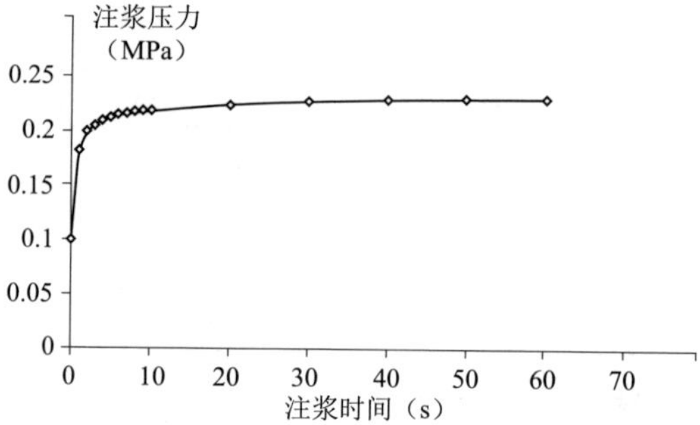

图 3.3-5　注浆压力随注浆时间变化(注浆速度为 0.2 m/s)

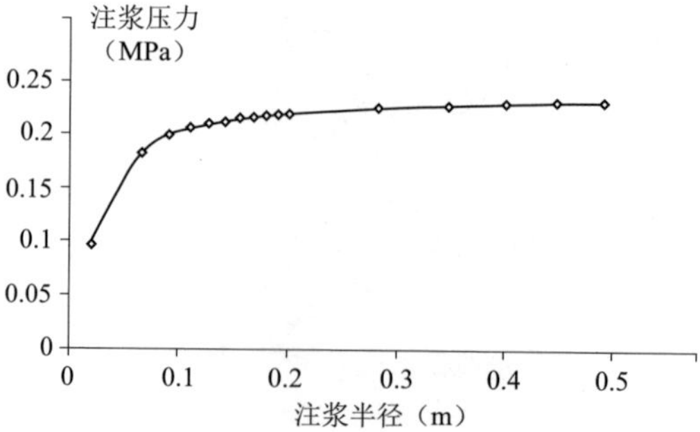

图 3.3-6　注浆压力随注浆半径变化(注浆速度为 0.2 m/s)

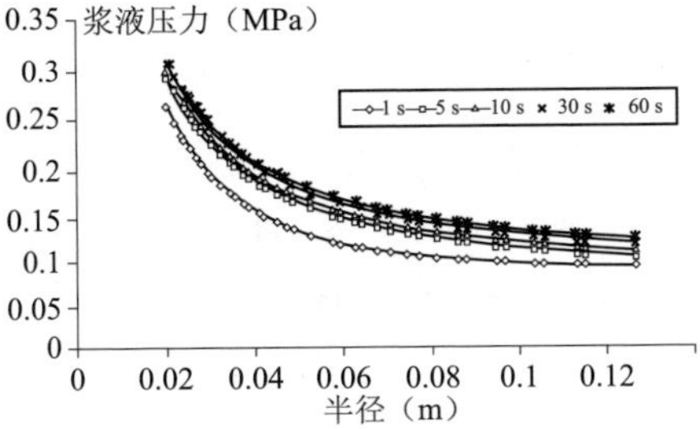

图 3.3－7　不同注浆时间浆液压力分布(注浆速度为 0.2 m/s)

3.4　注浆范围二维数值模拟

3.4.1　模型的建立

由于破碎岩体注浆加固过程受到浆液理化性质、被注介质、注浆环境等众多因素相互影响，现阶段的研究成果多是定性结论，注浆设计施工参数与被注介质加固效果之间的关系缺乏深入研究，难以做到注浆加固参数设计的定量化。同时，针对注浆加固体厚度优选、稳定性判据等方面的研究鲜有报道，需要开展进一步的研究。利用两相 Darcy 定律成功模拟出多孔介质中黏性浆液不同时间的注浆范围。

选取最外圈注浆孔通过注浆来分析注浆范围，并对注浆效果进行预测，对容易产生注浆圈不闭合的地方进行预测，从而为注浆孔的布设方式以及钻孔检测注浆效果提供合理的依据，模型如图 3.4－1 所示。

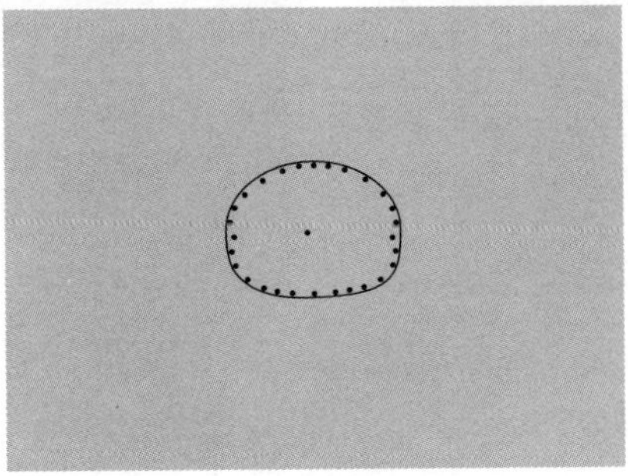

图 3.4－1　注浆模型图

3.4.2　结果分析

由于原场地土体中含有地下水，通过两相 Darcy 定律能够很好地模拟水浆液在富水地层中的扩散，通过瞬态分析能够模拟出不同时刻的浆液扩散范围以及浆液分布状态。本文通过瞬态分析得到以下不同时刻的浆液扩散状态，其中用多孔介质中液体的体积分数来表述浆液的填充率，1 表示浆液完全填充孔隙，0 表示孔隙中没有浆液填充，结果如图 3.4－2 所示。

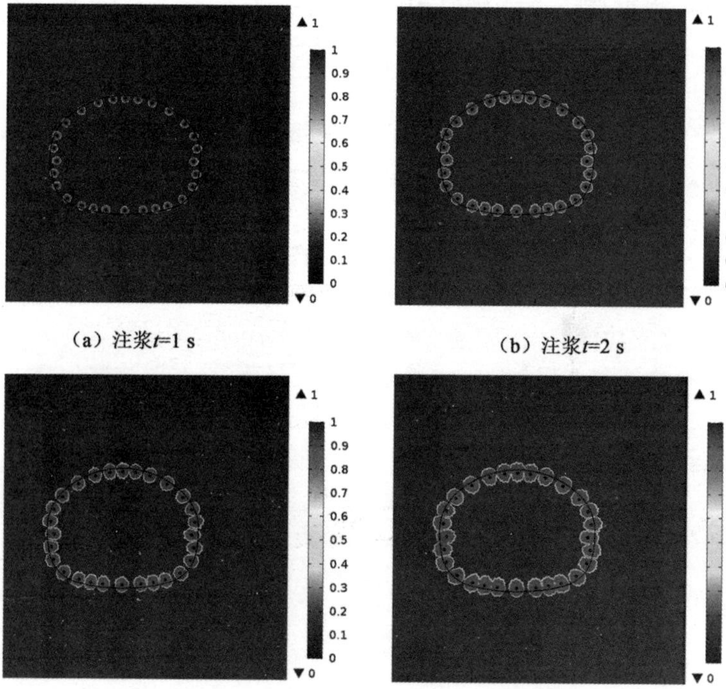

（a）注浆t=1 s　（b）注浆t=2 s

（c）注浆t=3 s　（d）注浆t=4 s

图 3.4－2　不同时刻浆液的扩散范围

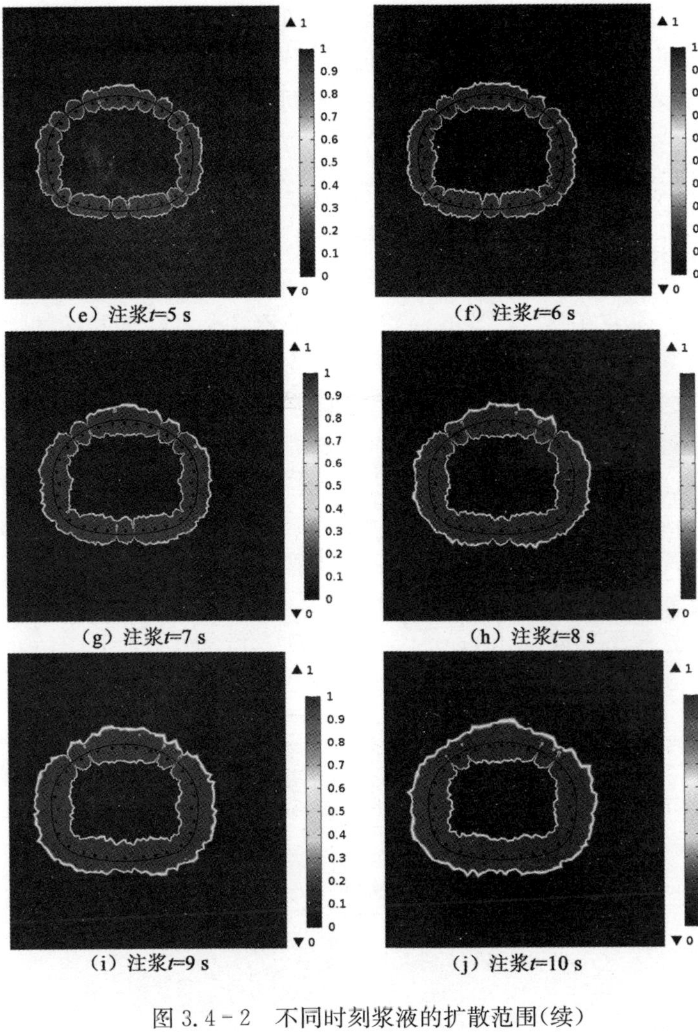

（e）注浆t=5 s　（f）注浆t=6 s

（g）注浆t=7 s　（h）注浆t=8 s

（i）注浆t=9 s　（j）注浆t=10 s

图 3.4－2　不同时刻浆液的扩散范围(续)

由图 3.4－2 可以看出，随着浆液的扩散，各个注浆孔注射的浆液逐渐形成一个封闭的注浆圈。但是在浆液的扩散过程中，浆液首先在隧道拱顶和边墙处封闭，随后在拱脚处封闭，最后在拱腰处封闭。因此，在隧道注浆过程中，如果注浆时间不够，或者注浆量不满足要求，注浆圈容易在拱脚和拱腰处不封闭，从而不能形成完全止水的封闭环。在工程中布设注浆孔时可以选择在拱脚和拱腰处加密注浆孔，或者延长拱脚和拱腰处的注浆时间来避免这种情况的发生。

3.5 三维注浆数值模拟

3.5.1 模型的建立

为了研究在整个注浆孔注浆时，浆液沿注浆孔纵向扩散的规律，本文建立了三维注浆数值模拟模型，三维模型可以模拟出浆液在横截面内的扩散范围，对于沿注浆孔纵向，如果某一截面上出现注浆真空，仍然会导致无法在富水地层中形成有效的止水环。

在注浆过程中，为保证注浆质量，通常有前进式和后退式两种注浆方式，本工程采取后退式注浆，所以本文在注浆管顶部设置了正交交互形式的开口，用以模拟浆液从注浆管开口向土体中扩散的过程，注浆管的模型图如图 3.5－1 所示。

计算模型采取两相 Darcy 定律，浆液密度为 1 400 kg/m^3，动力黏度为 0.04 Pa·s，土体孔隙率为 0.339，在注浆孔端头设置进口边界，在土体外侧设置为出口边界，注浆速度为0.4 m^3/min。

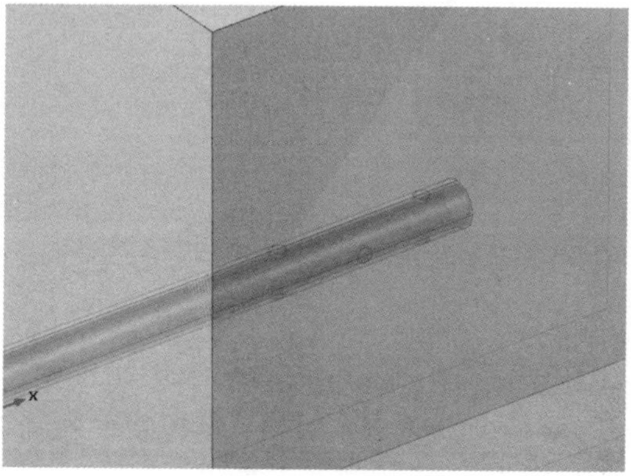

图 3.5－1　注浆管模型图

3.5.2　结果分析

通过瞬态分析,设置开始时间为 0 s,时间间隔为 1 s,终止时间为 10 s,选取 xy 和 yz 平面输出结果,利用浆液的体积分数表征浆液在土体中的填充率,当体积分数为 1 时,表示浆液完全填充满孔隙,当体积分数为 0 时,表示浆液尚未填充孔隙。

注浆初始条件和不同注浆时间的结果如图 3.5－2 和图 3.5－3 所示。

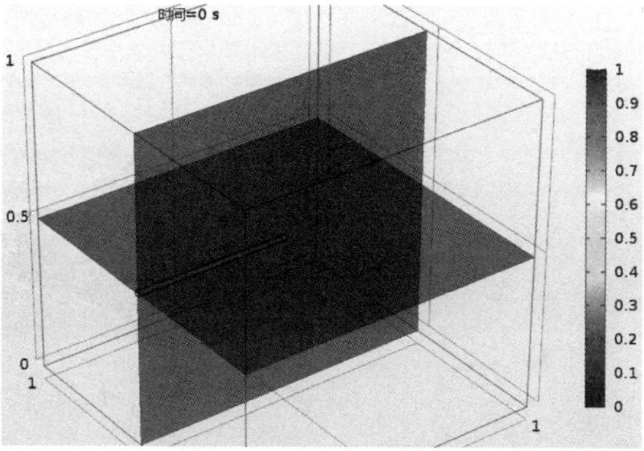

图 3.5－2　注浆初始条件

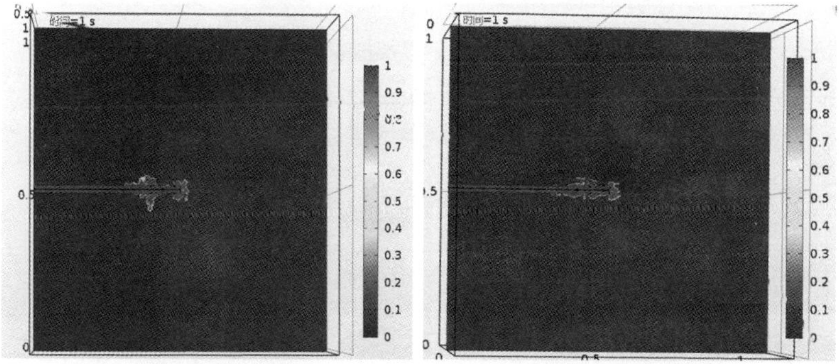

(a) 注浆t=1 s时yz平面　　(b) 注浆t=1 s时xy平面

图 3.5－3　不同注浆时间注浆范围图

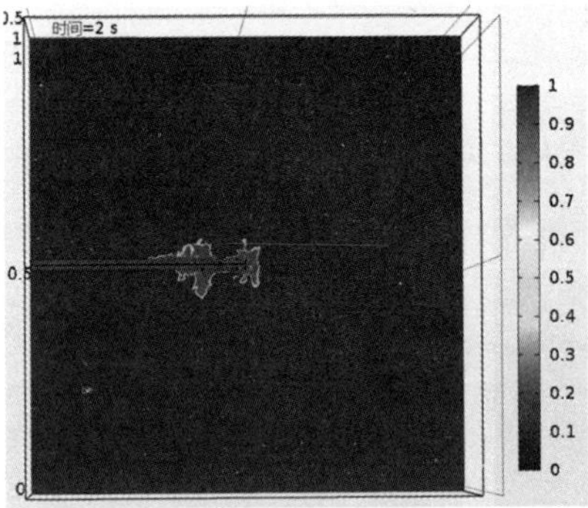

（c）注浆t=2 s时yz平面

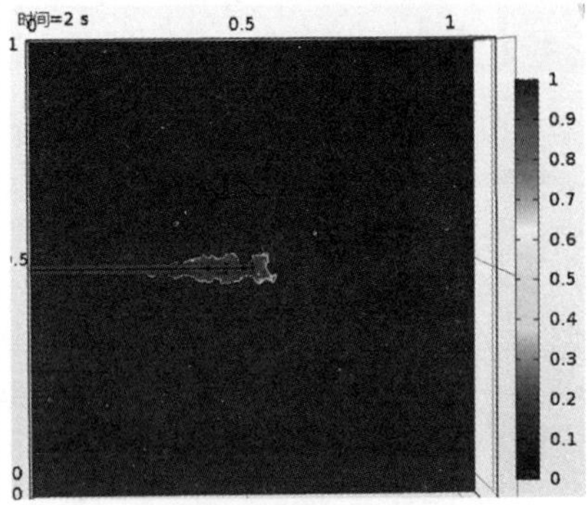

（d）注浆t=2 s时xy平面

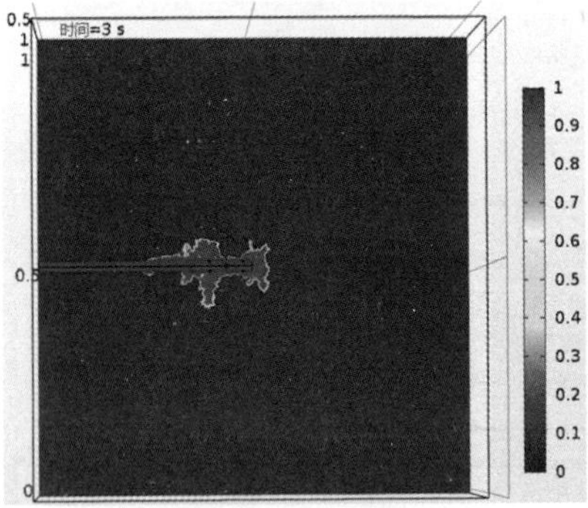

（e）注浆t=3 s时yz平面

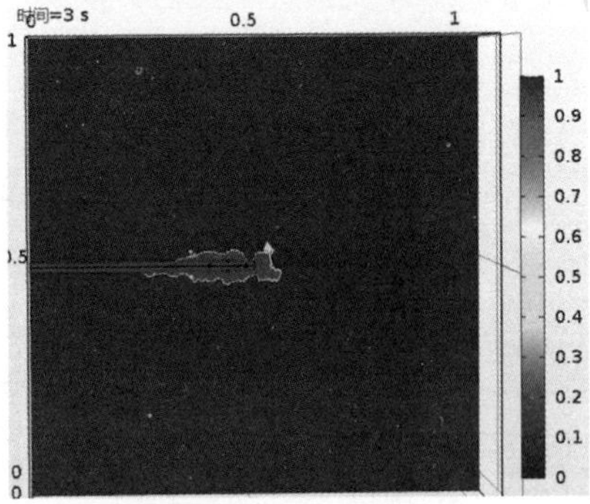

（f）注浆t=3 s时xy平面

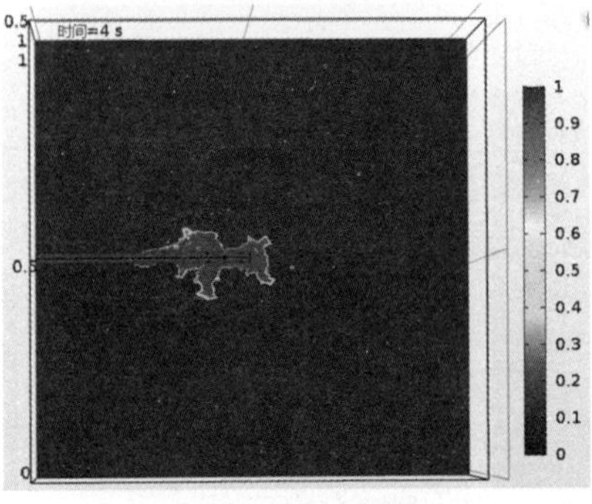

（g）注浆t=4 s时yz平面

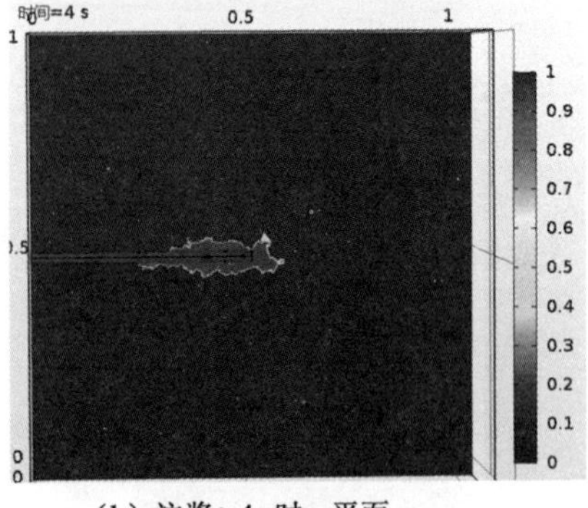

（h）注浆t=4 s时xy平面

图 3.5-3　不同注浆时间注浆范围图(续)

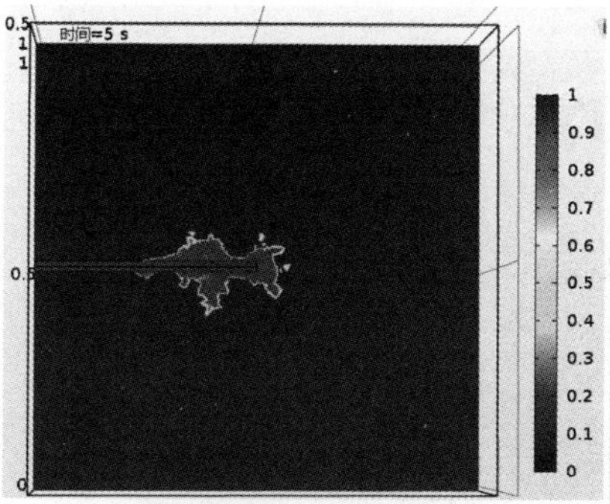

（i）注浆t=5 s时yz平面

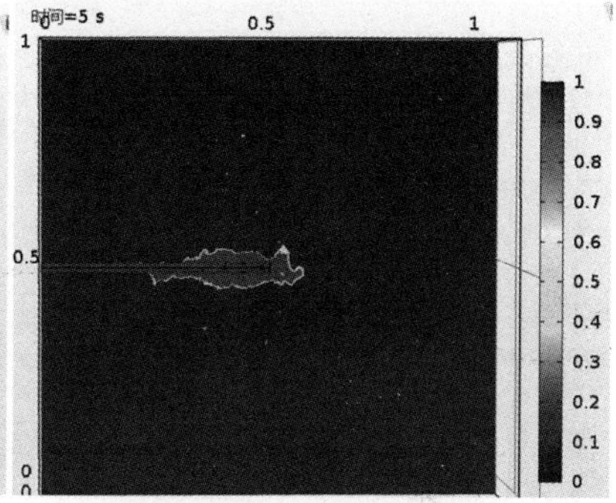

（j）注浆t=5 s时xy平面

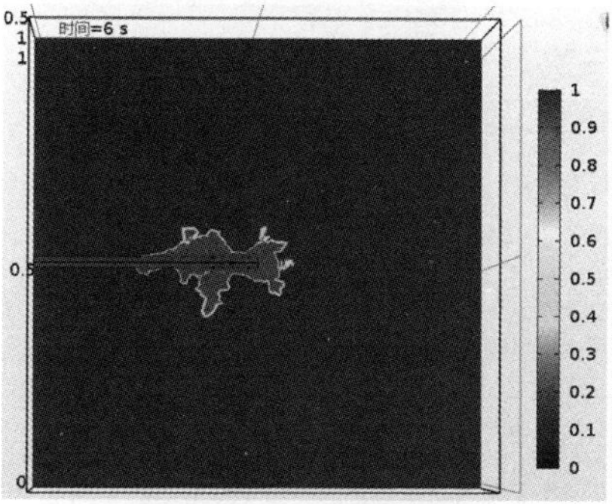

（k）注浆t=6 s时yz平面

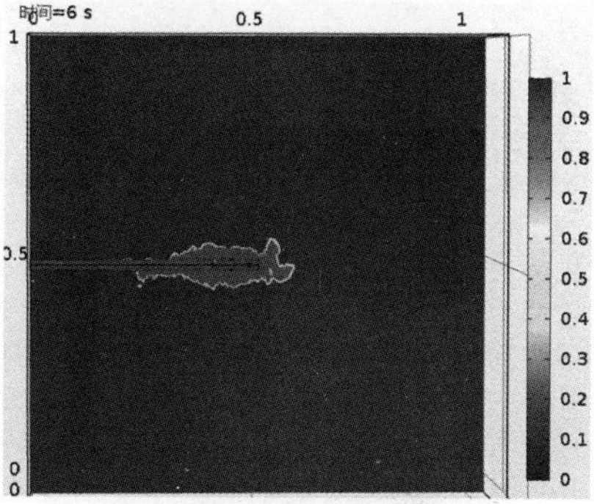

（l）注浆t=6 s时xy平面

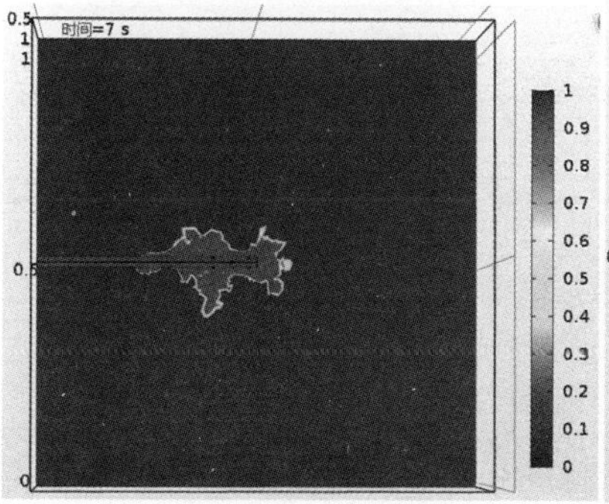

（m）注浆t=7 s时yz平面

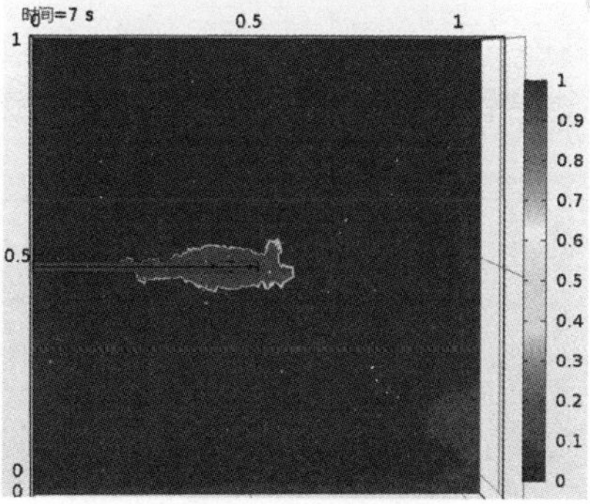

（n）注浆t=7 s时xy平面

图 3.5-3　不同注浆时间注浆范围图(续)

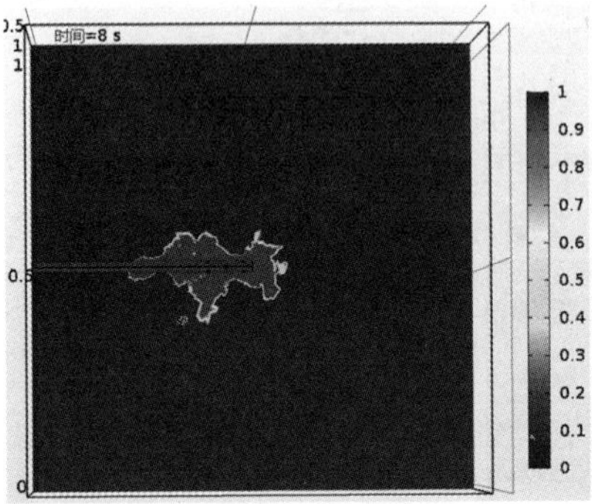

（o）注浆t=8 s时yz平面

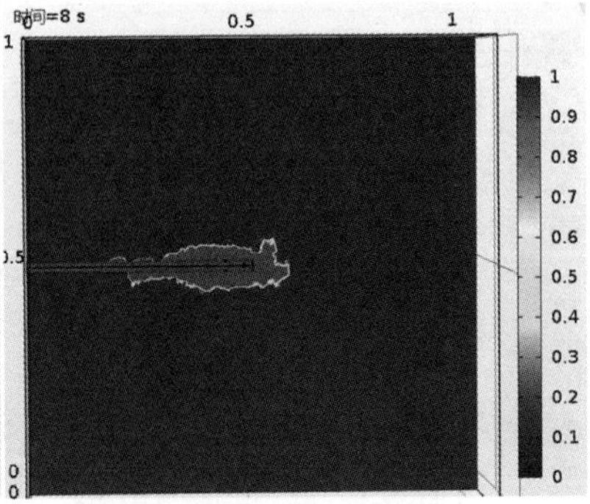

（p）注浆t=8 s时xy平面

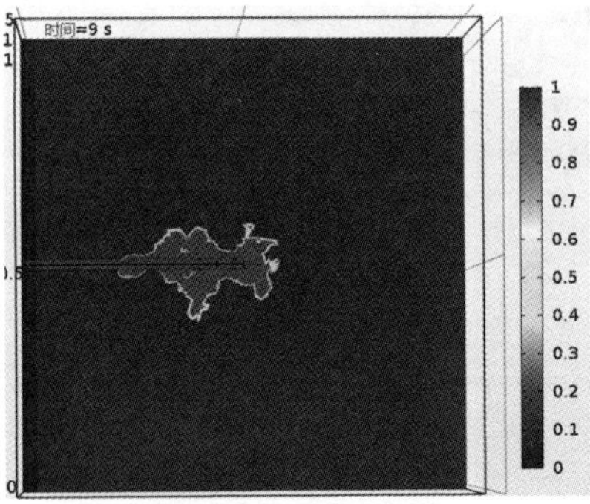

（q）注浆t=9 s时yz平面

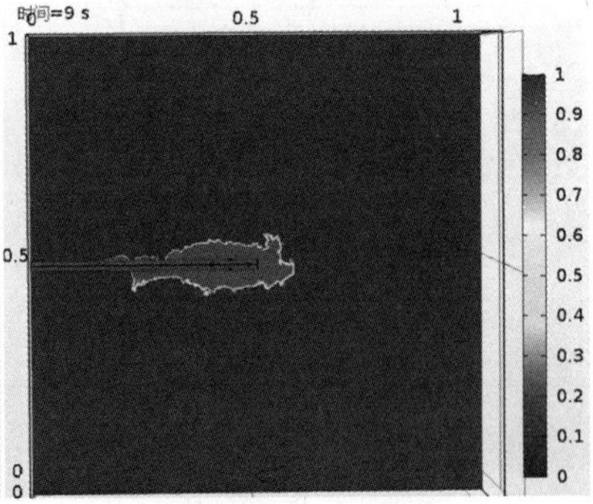

（r）注浆t=9 s时xy平面

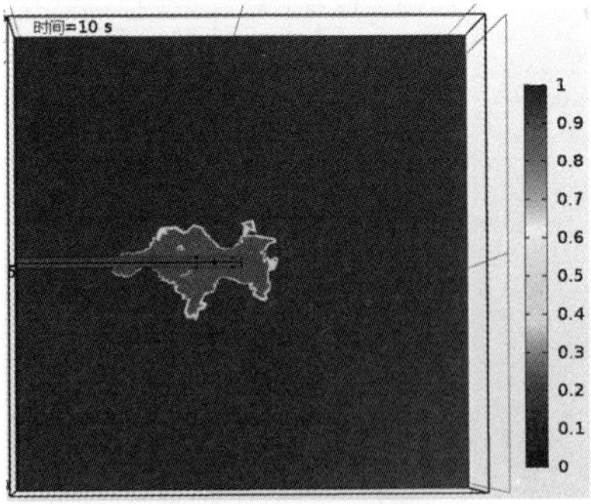

（s）注浆t=10 s时yz平面

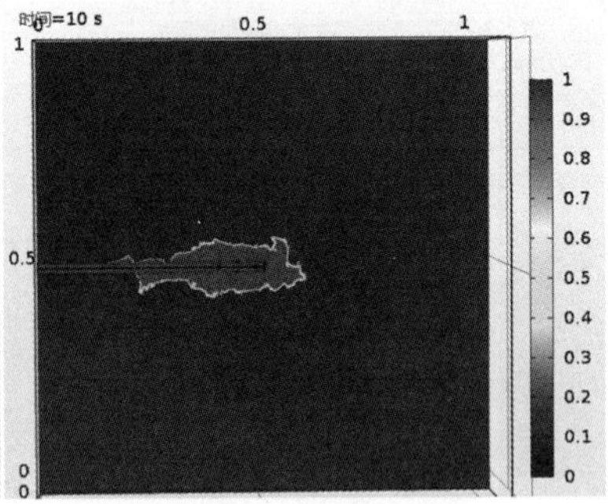

（t）注浆t=10 s时xy平面

图 3.5－3　不同注浆时间注浆范围图(续)

通过图 3.5－3 可以看出,在 xy 平面内随着注浆时间的增加,浆液呈均匀性扩散,浆液不仅朝向正前方和两侧扩散,还会向后方扩散,这表明在进行后退式注浆时,每个注浆区间不能做长时间的停顿,否则浆液向后扩散凝固堵住孔隙,在进行后期注浆时将不能获得良好的注浆效果。

在 yz 平面内,随着注浆时间的增加,浆液不仅朝向正前方和两侧扩散,也会向后方扩散,但是呈现不均匀性,在注浆管靠近端头的开口处,浆液向斜前方扩散,其后面开口处的浆液向下和后方扩散,在靠近第一个注浆管开口的地方上下均形成欠注浆区域。

3.6　二维渗流场分析

3.6.1　模型建立

利用 COMSOL Multiphysics 多物理场耦合软件,利用 Richards 方程接口建立了数值模拟模型,分析大断面隧道开挖后对原场地渗流场的影响。

Richards 方程接口适用于多孔介质中流体的渗流分析,通过定义多孔介质的孔隙率和水利传导率,利用水头差产生流体流动动力,利用探针湿度传感器得到流体的流速分布和多孔介质中微元体的平均饱和度,从而得到隧道开挖后渗流场的渗流状态。

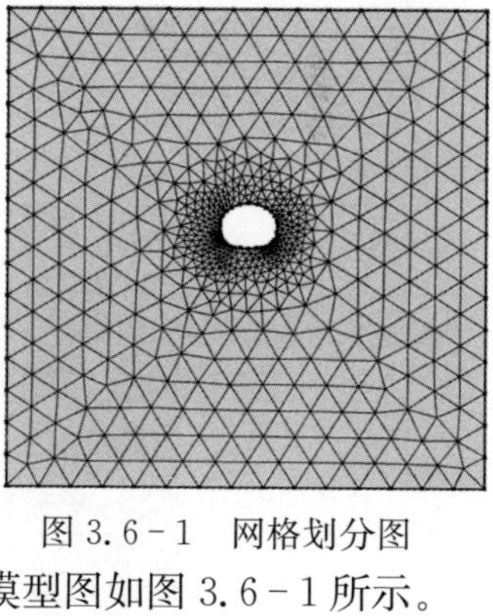
图 3.6－1　网格划分图

由于隧道在纵向具有对称性,所以本文选取一个横截面进行二维渗流分析,模型图如图 3.6－1 所示。

3.6.2　降水条件下隧道渗流场分析

1. 降水条件下隧道透水渗流场分析

在隧道开挖后为毛洞时,通过瞬态分析,模拟在降水情况下雨水向下的渗流过程，孔隙率为 0.417 时，分别得到 0 h、1 h、5 h、10 h、15 h后等不同时刻，上部降水在土体中的渗流状态，数值模拟如图 3.6－2所示。

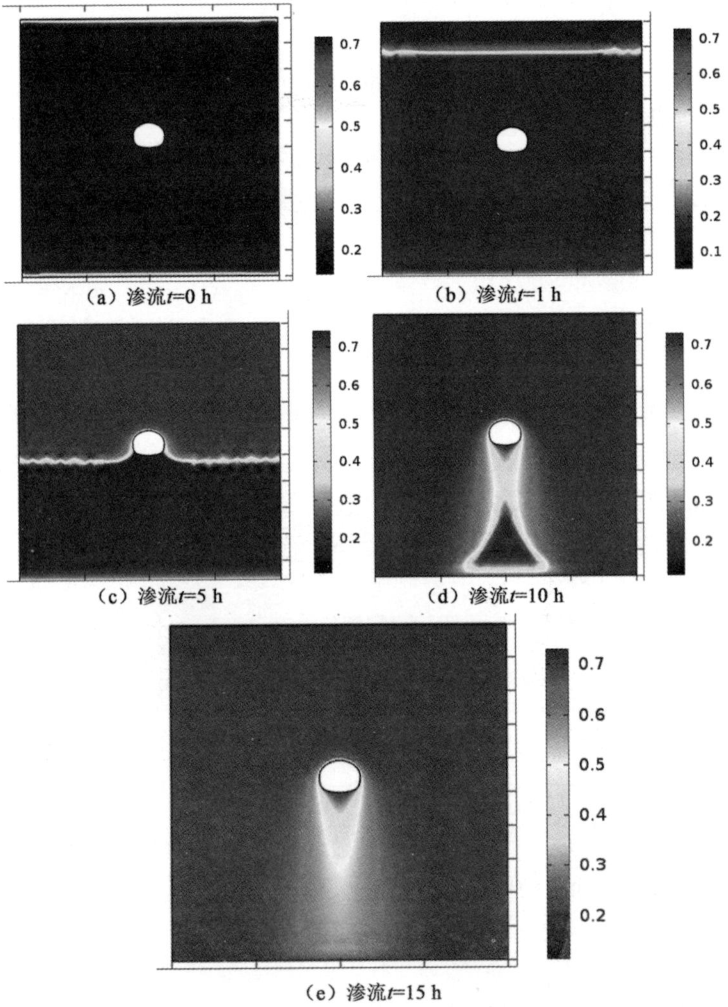

(a) 渗流t=0 h　(b) 渗流t=1 h　(c) 渗流t=5 h　(d) 渗流t=10 h　(e) 渗流t=15 h

图 3.6－2　降水条件下隧道透水不同时刻渗流场(单位:m/d)

由图 3.6-2 可以看出，在上部降水向下渗流过程中，在没有隧道开挖的地方，几乎呈水平分布，水明隧道开挖不会影响上部土体的渗流状态。但是，在渗流锋面到达隧道断面后，由于地下水向隧道内部渗透，所以在隧道正下方首先形成渗流真空区域。随着渗流状态逐渐稳定，隧道正下方渗流真空区域逐渐变小，最终只在隧道底部存在一小块渗流真空区域，由于隧道的排水作用，隧道正下方区域仍然处于欠饱和状态。

2. 降水条件下隧道不透水渗流场分析

在隧道开挖后，由于及时喷射混凝土和施作二次衬砌，会形成不透水层，通过瞬态分析，孔隙率为 0.417 时，分别得到 0 h、1 h、5 h、10 h、15 h 后等不同时刻，上部降水在土体中的渗流状态，数值模拟如图 3.6-3 所示。

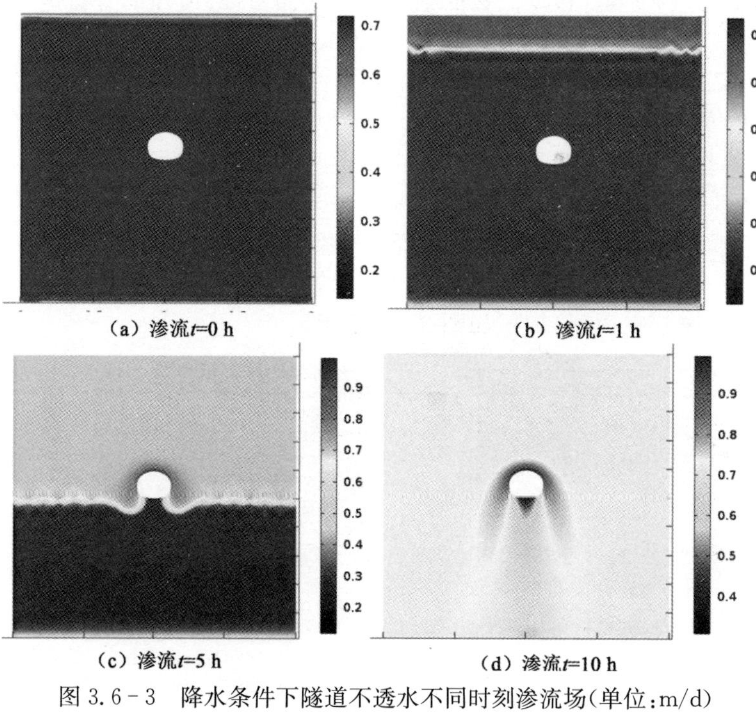

(a) 渗流t=0 h　(b) 渗流t=1 h

(c) 渗流t=5 h　(d) 渗流t=10 h

图 3.6-3　降水条件下隧道不透水不同时刻渗流场(单位：m/d)

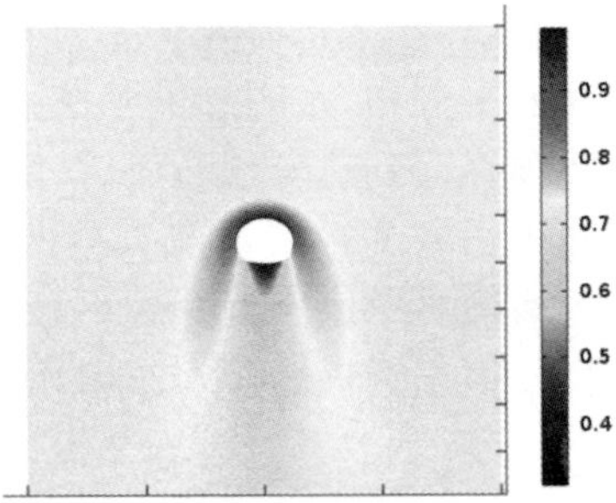

(e) 渗流t=15 h

图 3.6-3 降水条件下隧道不透水不同时刻渗流场(单位:m/d)(续)

由图 3.6-3 可以看出,在上部降水向下渗流过程中,在没有隧道开挖的地方,几乎呈水平分布,水明隧道开挖不会影响上部土体的渗流状态。但是,在渗流锋面到达隧道断面后,隧道顶部有效饱和度相较于同一平面明显变大,而隧道底部土体有效饱和度相较于同一平面则明显减小。由此说明,在隧道开挖后,地下水在隧道顶部容易聚集,如果封堵措施不利则容易产生渗水现象,而底部出现流场真空区,不易在地下水向下渗流过程中发生渗漏。反之,如果地下水为向上渗流,则隧道底部容易发生渗漏现象。

通过瞬态分析,在降水情况下,孔隙率为 0.2 时,分别得到 0 h、1 h、5 h、10 h、15 h、20 h、30 h、40 h 后等不同时刻,上部降水在土体中的渗流状态,数值模拟如图 3.6-4 所示。

(a) 渗流t=1 h

(b) 渗流t=5 h

图 3.6-4 瞬时渗流场(单位:m/d)

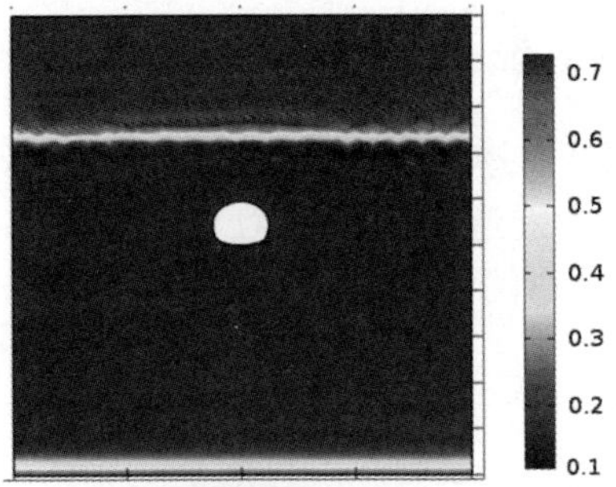

(c) 渗流t=10 h

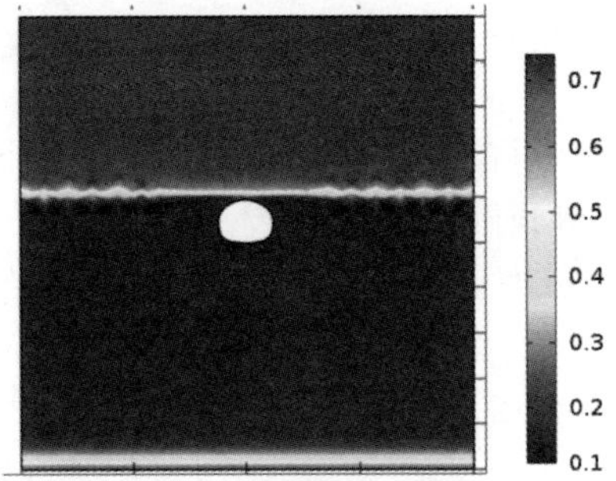

(d) 渗流t=15 h

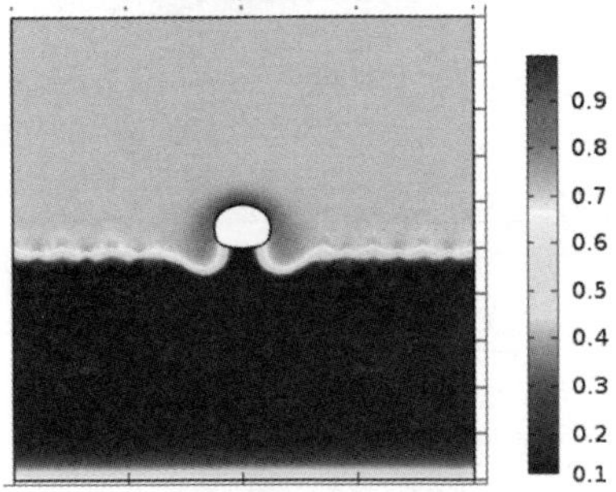

(e) 渗流t=20 h

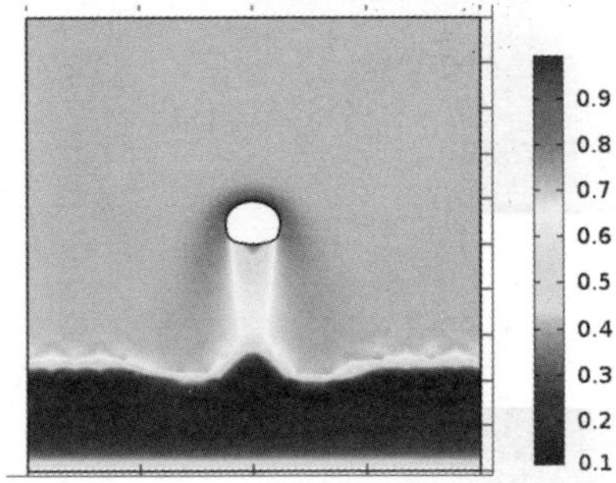

(f) 渗流t=30 h

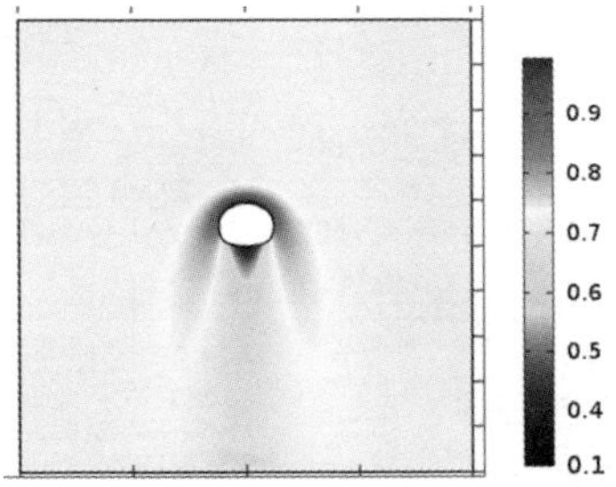

(g) 渗流t=40 h

图 3.6－4　瞬时渗流场(单位:m/d)(续)

由图 3.6－4 可以看出,当孔隙率变小时,地下水的渗流状态并未发生变化,但是渗流速度变小,因为当土的孔隙率变小时,土的渗透系数变小,从而使在相同水头差的情况下,水力梯度相同,当土的渗透系数变小时,渗流速度也相应变小。

3.6.3　自然水面条件下隧道渗流场分析

对自然水面条件下，对隧道开挖后对渗流场的影响进行分析，对隧道洞壁设置透水界面，图 3.6－5 为隧道埋深分别为 15 m、25 m、35 m 时，隧道开挖后流场压力头的分布图。

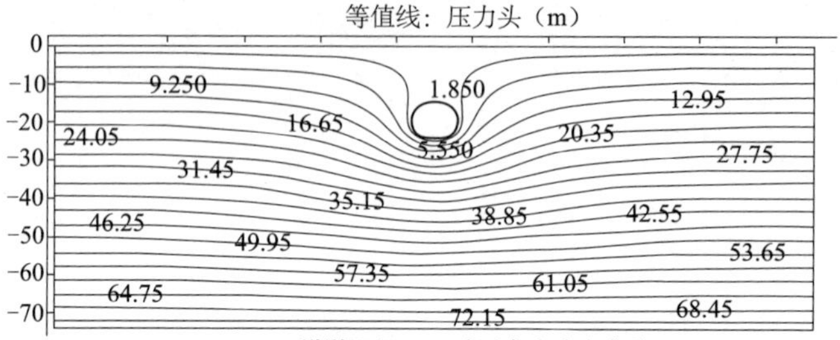

（a）隧道深埋15 m时压力头分布曲线

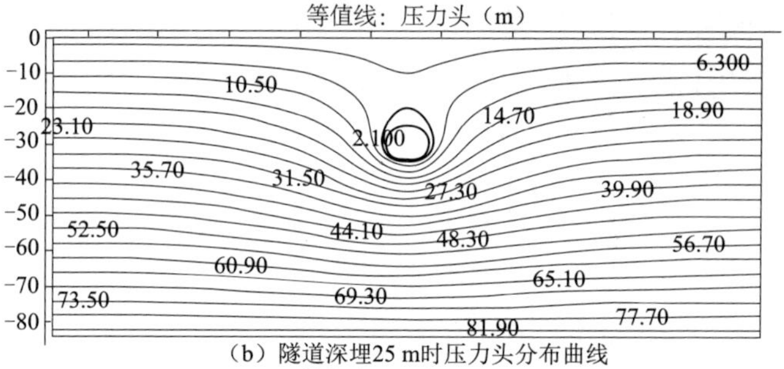

（b）隧道深埋25 m时压力头分布曲线

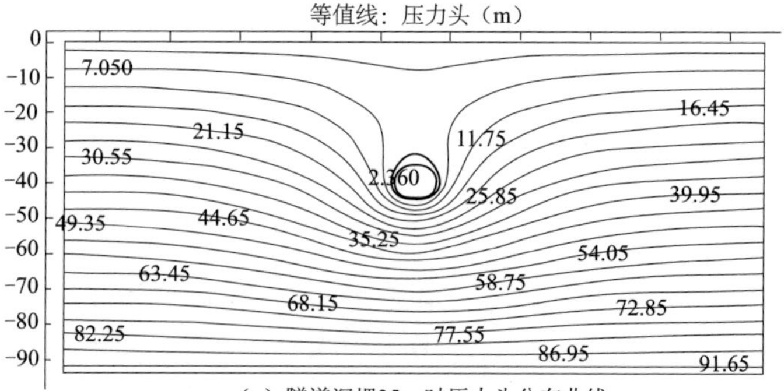

（c）隧道深埋35 m时压力头分布曲线

图 3.6－5　不同隧道埋深压力头分布曲线

由图 3.6－5 可以看出，隧道开挖后渗流场在隧道周围的分布类似于一个以隧道开挖区域为中心的渗水漏斗，隧道上部周边孔隙压力分布有所不同，这主要是由于假定隧道开挖面的孔隙压力为零，而在富水岩层中是固定水头，孔隙压力又是在隧道周围连续变化造成差异。在隧道不同埋深下，计算范围边界处的孔隙压力分布也有差异，埋深越浅，边界处的孔隙压力与初始值越接近。

3.7　三维渗流分析

3.7.1　模型建立

二维渗流分析适用于分析隧道贯穿后对原场地渗流场的影响，但是对于隧道建设过程中，如果未进行超前注浆进行止水，或者遇到岩溶、断层等不良地质状况而导致注浆未封闭，从而未形成有效的止水带时，往往会造成掌子面突泥突水，甚者直接在隧道内形成大量涌水形成河道，不仅严重影响隧道建设安全，而且对周围生态环境也将造成不可挽救的破坏。

进行三维渗流场分析不仅可以对隧道建设过程中对原场地渗流场的影响进行分析，判断地下水的渗流状态，提前判断出水量进行排水，对整个隧道建设都起到了至关重要的作用。进行渗流分析时设置了两种工况，即掌子面透水＋隧道洞室临空面透水和掌子面透水＋隧道洞室临空面不透水。模型和网格划分如图 3.7－1 所示。

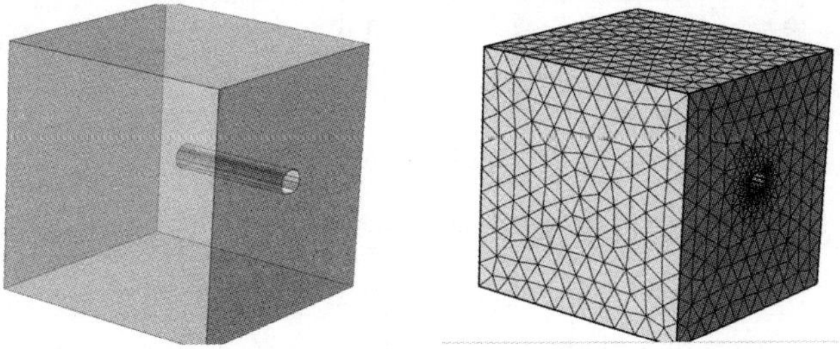

图 3.7－1　三维渗流模型图

3.7.2 三维渗流场分析结果

在隧道掌子面和隧道洞室临空面分别设置为不同透水面，通过对渗流场流线和渗流场水压力分布进行分析，得到渗流场流线图和水压力分布图。对隧道掌子面设置自由渗流面，对隧道洞壁设置初期支护，渗透系数为 1×10^{-9} m/s，隧道洞壁设置分别如图 3.7－2 和图 3.7－3 所示。通过对掌子面渗水速度进行分析，对各点速度进行积分即可求出隧道内的涌水量。

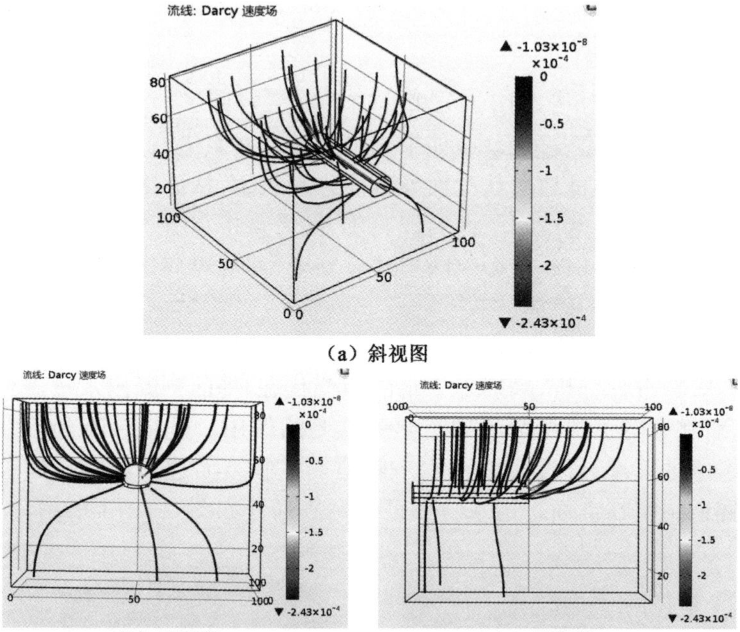

(a) 斜视图

(b) 正视图

(c) 侧视图

图 3.7－2 渗流场流线图(单位:m/s)

由图 3.7－2 可以看出，由于隧道进行了初期支护，地下水向隧道内的渗流速度相较于掌子面的出水速度可以忽略不计。掌子面处渗出的水主要来自掌子面正上方，其中，在掌子面出水过程中，流线上地下水的流速逐渐变大。

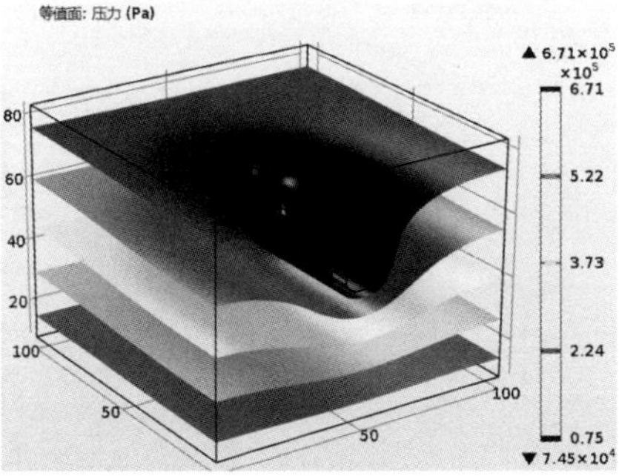

（a）斜视图

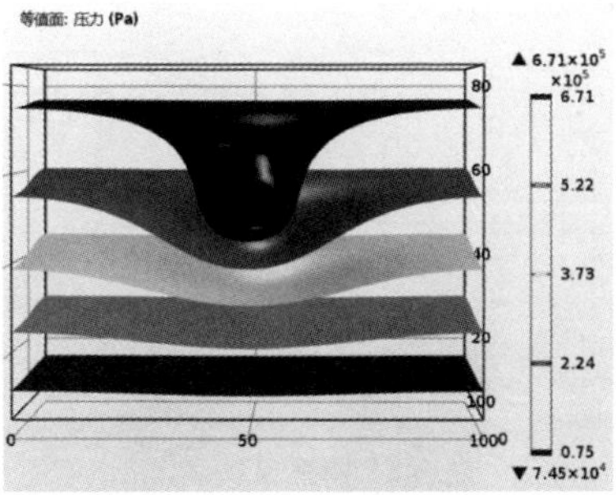

（b）正视图

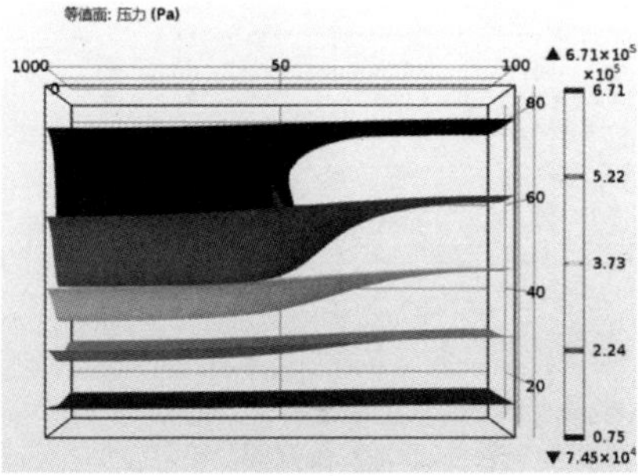

（c）侧视图

图 3.7-3　渗流场水压力等值面图(单位:m/s)

由图 3.7-3 可以看出,在当渗流状态达到稳态时,在隧道上方和下方形成水压力沉降槽。

当隧道洞室临空面设置为不透水面时,隧道开挖后的渗流场流线和水压力分布如图 3.7-4 和图 3.7-5 所示。

由图 3.7-4 可以看出,当隧道洞室临空面而不透水时,只在掌子面发生渗水现象,渗出的水主要来自掌子面上方土体中的地下水,当掌子面上方的地下水通过掌子面向隧道内部渗透时,流速逐渐增加。掌子面上方的地下水大部分向隧道内进行渗透。

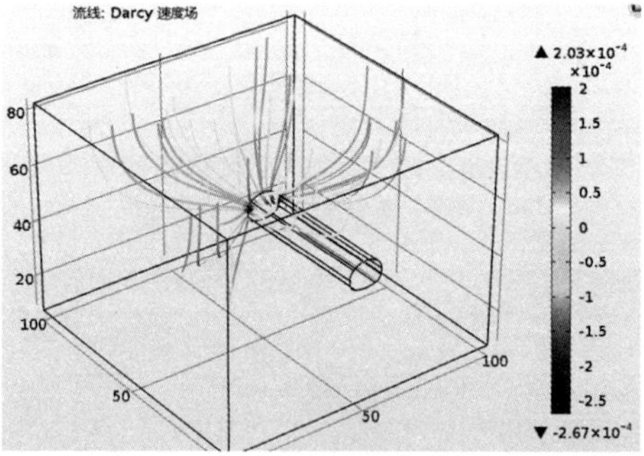

（a）斜视图

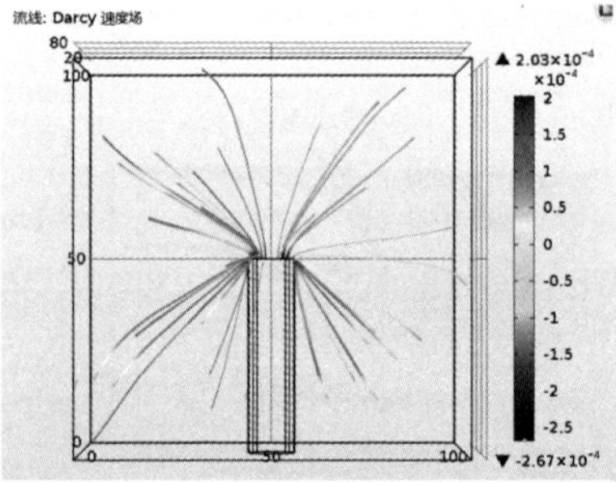

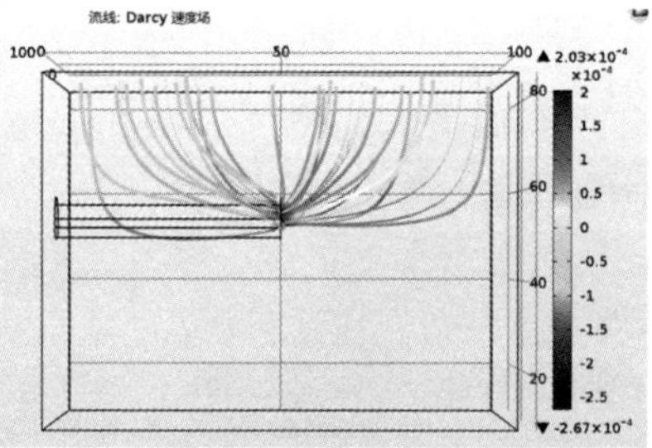

（b）俯视图　　　　　　　　　　（c）侧视图

图 3.7-4　渗流场流线图(单位:m/s)

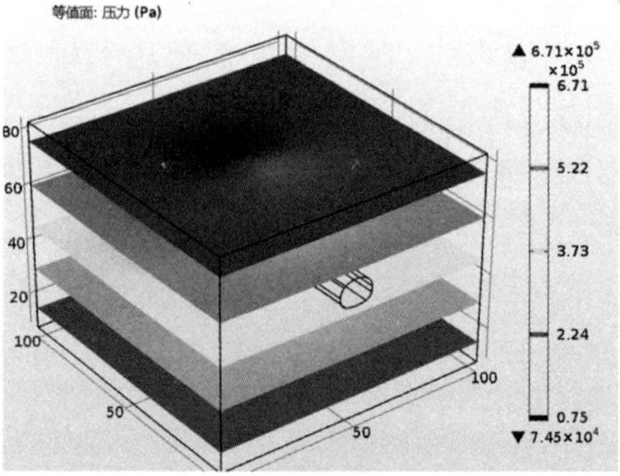

（a）斜视图

图 3.7-5　渗流场水压力等值面图(单位:m/s)

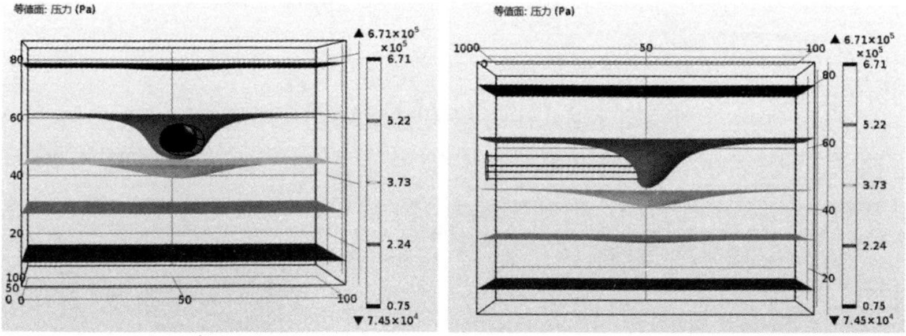

（b）正视图　　　　（c）侧视图

图 3.7－5　渗流场水压力等值面图(单位:m/s)(续)

由图 3.7－5 可以看出,当地下水通过隧道掌子面向隧道渗流时,隧道位置上的水压力分布并不发生变化,相反,在掌子面处,水压力则呈渗流漏斗分布。

通过对隧道洞室周围地下水的流动方向进行分析,可以更直观地看出地下水的流动状态,结果如图 3.7－6 所示。

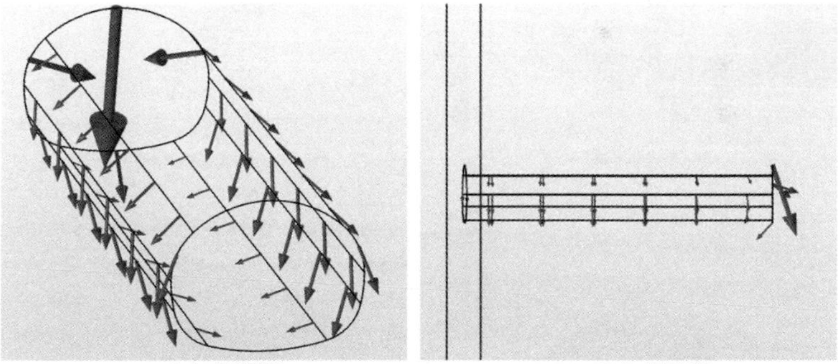

（a）斜视图　　　　（b）侧视图

图 3.7－6　隧道周围地下水流动图

由图 3.7－6 可以看出,由于隧道支护结构的不透水性,在隧道周围形成阻水层,地下水向隧道两侧流动,而在掌子面处,地下水的流动速度明显增大,这是由于地下水在向下渗透时,由于受到隧道的阻挡,在通过掌子面向隧道内部进行渗流时,在局部不再是层流流动。

3.7.3 流固耦合分析

通过建立三维数值模型，讨论在无渗流场和有渗流场两种工况下隧道开挖后的应力分布状态，模拟地下水和土体的流固耦合作用，分析渗流场和应力场的相互影响规律。

通过固体力学版块建立隧道开挖前后的三维模型，对在原场地无渗流场条件下的地应力场进行分析，分别对两种工况下的Mises等效应力、土压力、位移、fail function等进行分析，用以判定在无渗流场作用下的地应力场分布状况，分析结果如图3.7-7所示。

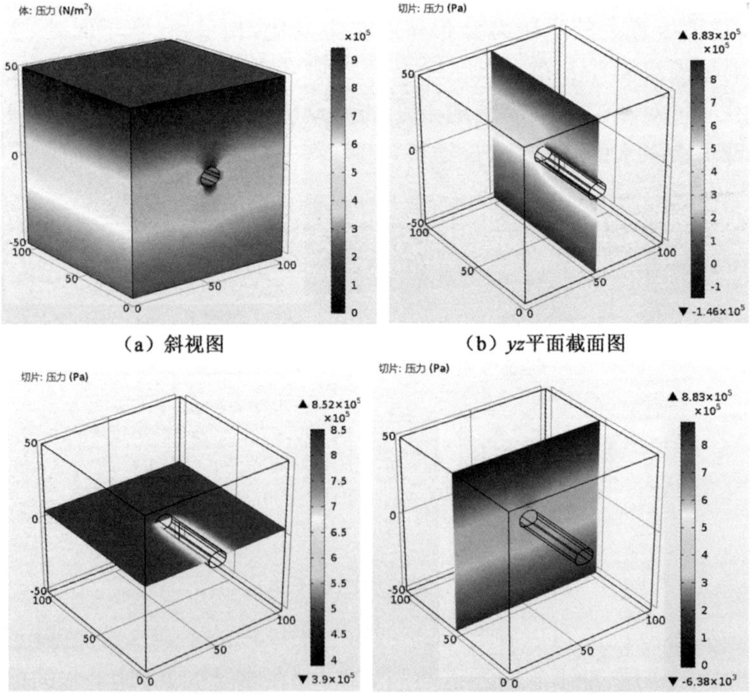

(a) 斜视图　　(b) *yz*平面截面图

(c) *xy*平面截面图　　(d) *xz*平面截面图

图3.7-7　土压力分布图

1. Mises 等效应力分析

通过对隧道开挖后的土体进行有渗流场和无渗流场两种工况的 Mises 等效应力计算，计算结果如图 3.7－8 和图 3.7－9 所示。

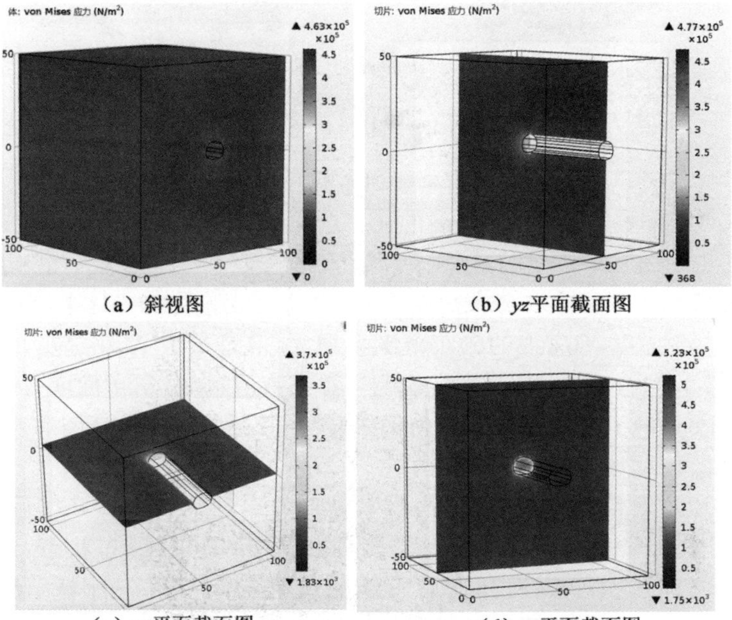

(a) 斜视图　(b) *yz*平面截面图

(c) *xy*平面截面图　(d) *xz*平面截面图

图 3.7－8　无渗流时的 Mises 应力图

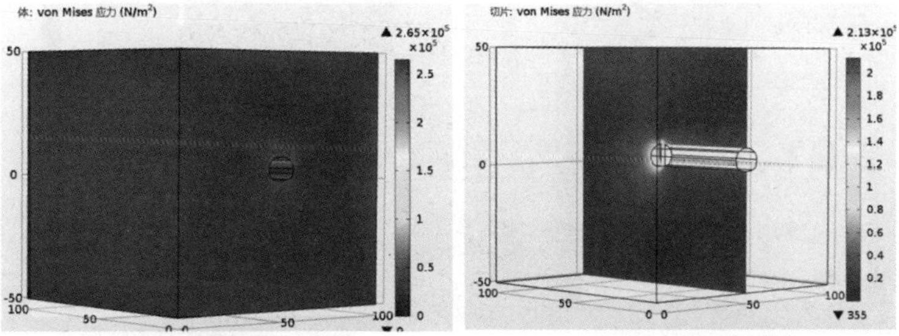

(a) 斜视图　(b) *yz*平面截面图

图 3.7－9　有渗流时的 Mises 应力图

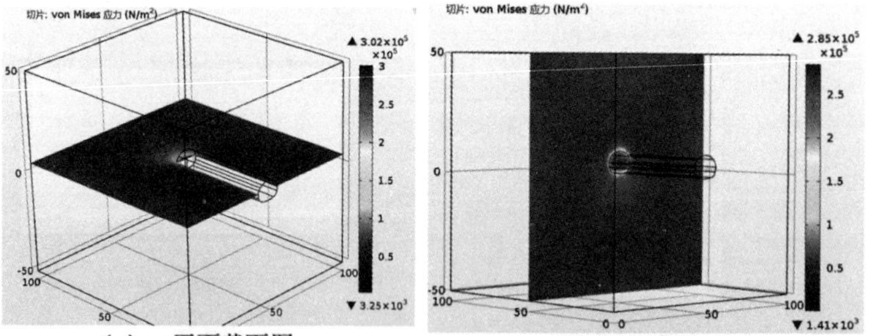

（c）*xy*平面截面图　　（d）*xz*平面截面图

图 3.7－9　有渗流时的 Mises 应力图(续)

Mises 等效应力指当材料的某一点的 Mises 应力达到规定的应力水平时,该点进入塑性。由图 3.7－8 和图 3.7－9 可以看出,当隧道开挖后,Mises 应力主要分布在掌子面以及掌子面前方的土体中,当存在渗流场时,Mises 应力的分布范围会增大,但是最大 Mises 应力会降低,最小 Mises 应力会增大。说明当存在渗流场时,掌子面前方的土体 Mises 应力分布区域将更为集中,发生破坏的可能性将增加。

2. 位移场分析

通过对位移场进行分析,可以更直观地观察到隧道开挖后,周围土体在有渗流场和无渗流场两种状态下的位移分布状态,从而得到渗流场对于隧道开挖后土体的位移影响规律。计算结果如图 3.7－10和图 3.7－11 所示。

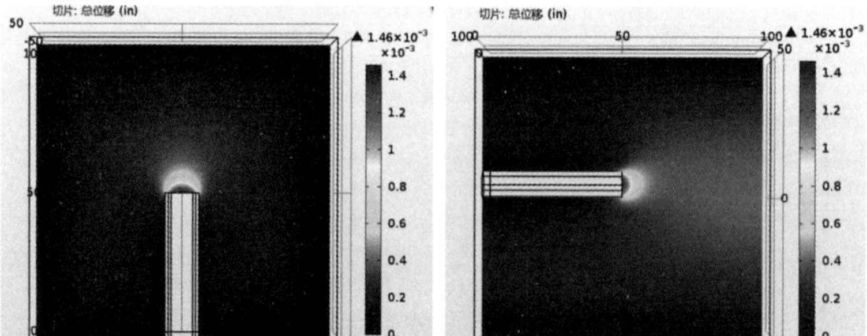

（a）*yz*平面截面总位移图　　（b）*yz*平面截面总位移图

图 3.7－10　无渗流场时位移云图

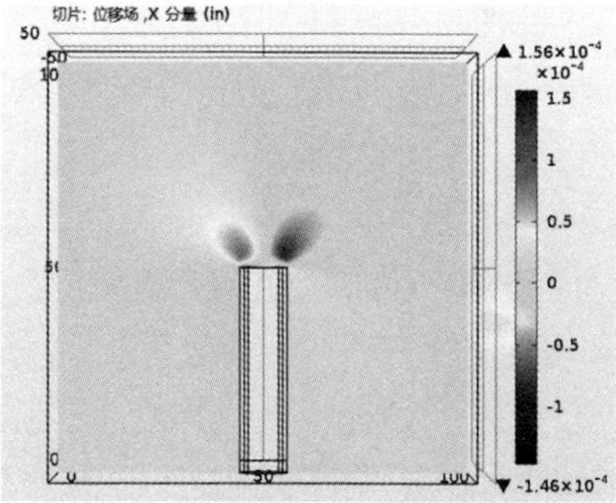

（c）*xy*平面截面*x*向位移图

图 3.7－10　无渗流场时位移云图(续)

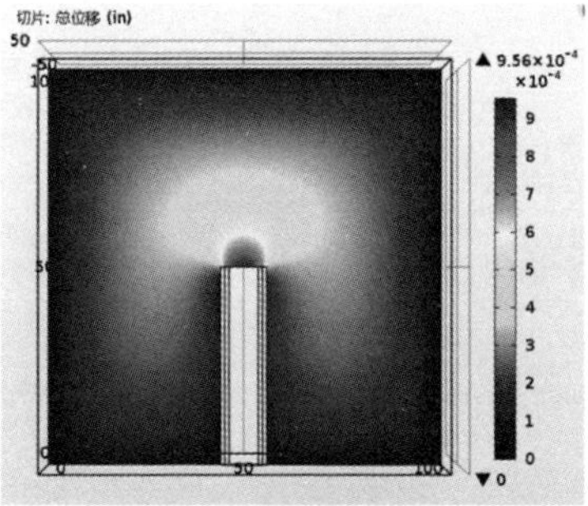

（a）*xy*平面截面总位移图

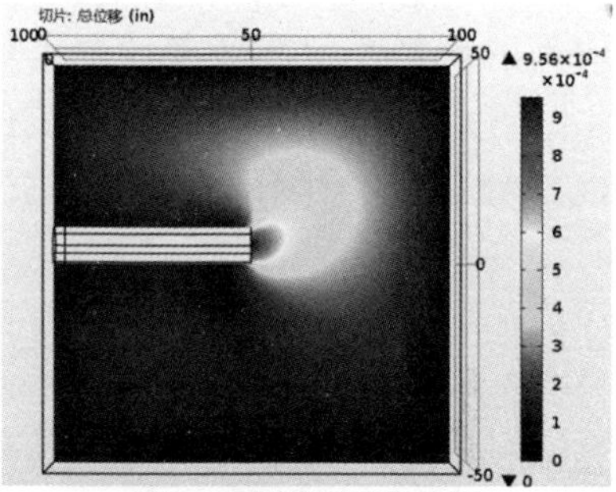

（b）*yz*平面截面总位移图

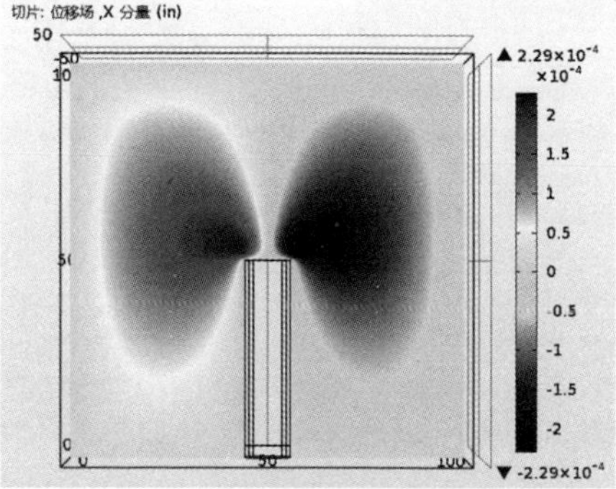

（c）*xy*平面截面*x*向位移图

图 3.7－11　有渗流场时位移云图

通过图 3.7－10 和图 3.7－11 可以看出，当存在渗流场时，最大位移会减小，但是位移场受影响的范围变大，受流场的影响，掌子面前斜上方的土体向隧道内移动的趋势更加明显。

3. Coulomb 失效准则分析

对于岩土体发生破坏，目前常用的准则有库仑准则、莫尔强度理论等。库仑准则认为岩石破坏为剪切破坏，岩石抵抗能力由两部分组成，即内聚力和内摩擦力，该准则是最简单的强度准则，不仅适用于岩石压剪破坏，也适用于结构面压剪破坏，但是不适用于受拉破坏。莫尔强度理论认为岩石的剪切破坏由剪应力引起，但不发生在最大剪应力作用面上。剪切强度取决于剪切面上的正应力和岩石的性质，是剪切面上正应力的函数；剪切强度与剪切面上正应力的函数形式有多种：直线型、二次抛物线型、双曲线型等。莫尔强度理论适用于塑性岩石，也适用于脆性岩石的剪切破坏，较好地解释了岩石抗拉强度远远低于抗压强度特征，解释了三向等拉时破坏、三向等压时不破坏现象和同时考虑拉、压、剪，可以判断破坏方向等。

通过 Coulomb 失效准则对有渗流和无渗流两种工况时，围岩等级为Ⅴ级，对掌子面的稳定性进行了分析，分析结果如图 3.7－12 和图 3.7－13 所示。

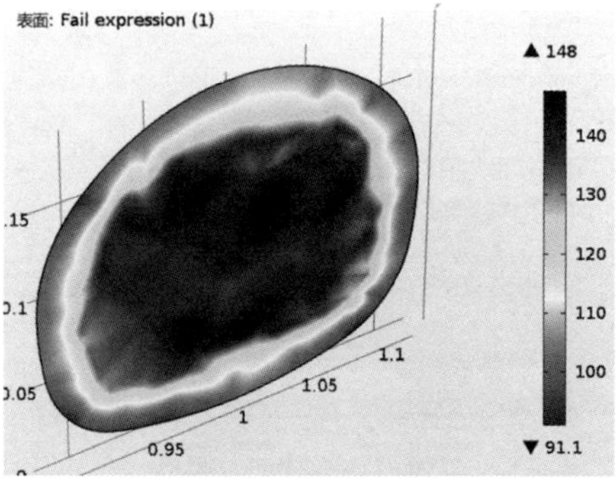

图 3.7－12　无渗流场时掌子面破坏情况

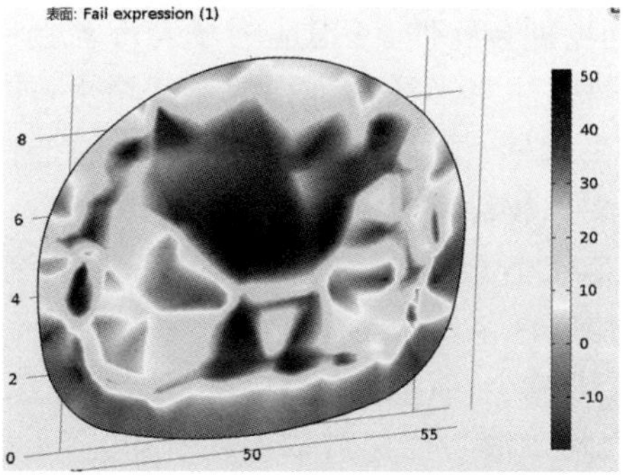

图 3.7－13　有渗流场时掌子面破坏情况

当 Fail>0 时，岩石处于稳定状态；当 Fail=0 时，岩石发生破坏；当 Fail<0 时，岩石发生灾难性破坏。由图 3.7－12 和图 3.7－13可以看出，当无渗流场时，掌子面的 Fail 值均大于 0，即不发生破坏，由于隧道边界处容易产生应力集中，所以其 Fail 值会变小，说明此处发生破碎的概率较大。当存在渗流场时，掌子面内部出现 Fail=0 的区域，即发生破坏，在掌子面周围 Fail<0，即发生灾难性破坏，尤其是掌子面下部，这种变化更为明显。由此说明，当存在渗流场时，由于地下水的渗流将大大降低掌子面的稳定性，地下水从掌子面底部渗入隧道，增大了掌子面成坡的可能性，底部的稳定性会降低。

3.8　本章小结

针对富水强风化花岗岩区间矿山法隧道全断面深孔注浆加固，在介绍注浆材料、参数、工艺和注浆效果检查方法基础上，进行了多孔介质注浆扩散以及注浆二维、三维数值模拟计算，降水和自然水面条件下隧道二维、三维渗流场分析以及流固耦合分析，提出的富水强风化花岗岩全断面深孔注浆和渗流特性如下：

(1)建立了多孔介质中浆液的扩散模型，利用 COMSOL Multiphysics 多物理场耦合软件，考虑应力场与渗流场的耦合作用。随着注浆时间的推移，注浆半径呈幂指数形式增大，注浆前期，注浆半径增幅较大，注浆后期，注浆半径随注浆时间的推移增速缓慢。因此，合理布置注浆孔数目将大大提高注浆效率。

(2)当注浆半径小于 0.2 m 时，此时由于浆液流动速度较大，浆液剪应力较大，所以注浆压力迅速增大；当注浆半径大于 0.2 m 时，浆液流动速度逐渐减小，浆液剪应力较小，所以注浆压力增幅不大。孔隙内浆液压力随浆液半径呈对数形式分布，在 1 倍注浆孔半径范围内迅速减小，大致减小为注浆压力的一半，在 1 倍注浆范围外，浆液压力逐渐减小，并最终等于孔隙内大气压值。

(3)通过二维注浆范围数值模拟，进行瞬态分析，模拟出不同时刻的注浆范围以及注浆效果。结果显示，注浆圈首先在拱顶和边墙处闭合，在隧道拱腰和拱脚处最后闭合，因此应该拱腰和拱脚处合理加密注浆孔或者增加注浆时间，以保证注浆质量。

(4)通过三维注浆范围模拟，进行瞬态分析，模拟出浆液在注浆管纵向的分布范围。结果显示，浆液不仅向前方和两侧扩散，而且还会向后方扩散，因此不应该在某一区间内停留太久，否则浆液将封堵住后方的孔隙，导致后续注浆不能得到良好的注浆效果。在 xy 平面内，浆液呈均匀性扩散，但是在 yz 平面内则呈现不均匀性扩散，在端头开口处会出现欠注浆区。

(5)通过二维渗流分析，模拟出降水条件下隧道开挖后的渗流场的稳态状态，结果显示，在隧道透水时，掌子面底部出现渗流真空区，但是随着渗流状态逐渐稳定，隧道下部的渗流真空区域逐渐变小，最终集中到隧道底部；在隧道不透水时，在隧道顶部土体中的有效饱和度相较于同一平面内的其他地方要增大，在隧道底部会形成渗流真空区域。在自然水面条件下，隧道开挖后，隧道上方形成渗流漏斗，在隧道不同埋深下，计算范围边界处的孔隙压力分布也有差异，埋深越浅，边界处的孔隙压力与初始值越接近。

(6)通过三维渗流分析，对不同的渗流场方向进行了对比分析，结果显示，掌子面出渗出的地下水主要来自掌子面横截面渗流场上游的地下水，在渗流场自上而下时，通过掌子面的地下水在流线上的流速逐渐降低，而在沿隧道纵向和隧道横向时，通过掌子面的地下水在流线上的流速逐渐增大。

(7)通过流固耦合分析，在有渗流场和无渗流场两种工况下，分析了土体的 Mises 等效应力分布，位移场的影响范围和掌子面的稳定性等。结果表明，当存在渗流场时，土体中的最小 Mises 等效应力发生明显增大，位移场的影响范围也发生明显增大，与此同时，掌子面的稳定性将大大降低。

第4章　零距离下穿运营车站矿山法施工技术

4.1　全断面深孔注浆加固技术

深圳地铁7号线7304-2标皇岗村站—福民站区间全断面深孔注浆试验拟布置在皇岗东端进洞段，以进洞10 m为一个施工循环；同时对矿山法施工的竖井及横通道进行全断面深孔注浆。横通道分为南侧横通道与北侧横通道，开挖前分别在南、北侧横通道布置全断面注浆孔。

4.1.1　注浆加固范围

隧道开挖前，通过掌子面和已开挖完成隧道侧边对隧道前地铁4号线下方土体进行超前注浆加固，加固范围为隧道间及两侧开挖轮廓线各外扩3 m，底板向下延伸3 m，纵向加固长度9 m，如图4.1-1所示。

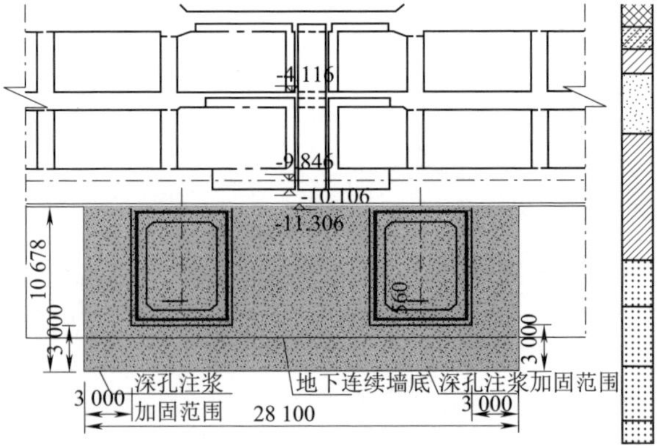

图4.1-1　下穿段注浆加固范围断面图(单位:mm)

4.1.2　注浆要求

加固后的土体应具有良好的均匀性和自立性，其无侧限抗压强度为 1.0～1.2 MPa，渗透系数不大于 1.0×10^{-6} cm/s。

4.1.3　注浆参数

注浆浆液采用磨细水泥＋水玻璃双液浆，水泥水玻璃双液浆体积比为水泥浆∶水玻璃浆＝1∶0.8，水泥浆的水灰比为 0.8～1.0。注浆材料的配合比应根据地层情况和胶凝时间要求，并经过试验而定，一般情况下：

(1)采用水泥浆液时，水灰比可采用(0.8∶1)～(1∶1)，需缩短凝结时间，则可加入氯盐、三乙醇胺速凝剂。

(2)采用水泥—水玻璃浆液时，水泥浆的水灰比可采用(0.8∶1)～(1.0∶1)；水玻璃浓度为 25°Bé～40°Bé，水泥浆与水玻璃的体积比宜为(1∶1)～(1∶0.8)。

(3)如遇地下水较大时，另加入化学材料(磷酸＋水玻璃浆液)，以加快凝结速度。

注浆施工时，浆液类型的选择原则是根据岩溶水赋存情况和涌水量大小而确定。以上几种注浆材料各有所长，在注浆堵水过程中配合使用。

注浆压力：暂拟不大于 0.8 MPa，距离 4 号线车站底板 2 m 范围内注浆压力适当减小，控制在 0.6 MPa 以内，防止压力过大导致结构上浮，其下部土体可适当增大注浆压力，但不应过大而导致运营结构上浮。注浆最优压力根据试验确定。

注浆量：注浆范围内为土质砾质黏性土、全风化强风化花岗岩。根据以往类似工程经验和理论计算，参考注入率 65%。根据现场实际地质情况，注浆流失量较大，预估损失率为 20%。理论注浆量计算：

(1)单管注浆量

$$Q=\pi R^2 Ln\alpha\beta \qquad (4.1-1)$$

式中 R——扩散半径(0.4 m,浆液压力 0.6～0.8 MPa);

L——注浆管长度(m);

n——地层孔隙率,见表 4.1-1;

α——地层填充系数,取 0.8;

β——浆液消耗系数,取 1.1。

即单孔注浆量:$Q=3.14\times0.4^2\times9\times0.47\times0.8\times1.1=1.87\ m^3$。

(2)注浆加固土体量:加固土体注浆量

$$Q=ALn\alpha\beta \tag{4.1-2}$$

式中 A——加固土体面积(m^2);

L——加固土体长度、深度(m);

α——地层填充系数,取 0.8;

β——浆液消耗系数,取 1.1;

n——地层孔隙率,见表 4.1-1。

表 4.1-1 孔隙比与孔隙率

岩性	孔隙比 e	孔隙率 n
砾质黏性土	1.001	0.5
全风化花岗岩	0.893	0.47
强风化花岗岩	0.757	0.43
平均值	0.884	0.47

4.1.4 注浆工艺

注浆采用渗透性注浆工艺,注浆时在不改变地层组织的情况下,将土层颗粒间存在的水强迫挤出,使颗粒间的空隙充满浆液并使其固结,达到改良土层性状的目的。其注浆特性是使该土层黏结力(c)/内摩擦角(φ)值增大,从而使地层黏结强度及密实度增加,起到加固作用;颗粒间隙中充满了不流动且固结的浆液后,使土层透水性降低,而形成相对隔水层。

即加固土体注浆量:$Q=ALn\alpha\beta=134.4\times9\times0.47\times0.8\times1.1=500\ m^3$。

注浆纵向长度：注浆纵向长 9 m，开挖时预留 2 m 作下一环止浆墙。

注浆工艺流程为：按配合比调配好水泥浆、水玻璃→通过吸浆管进入双液注浆泵→在孔口混合成双液浆→通过孔口管进行注浆，如图 4.1－2所示。

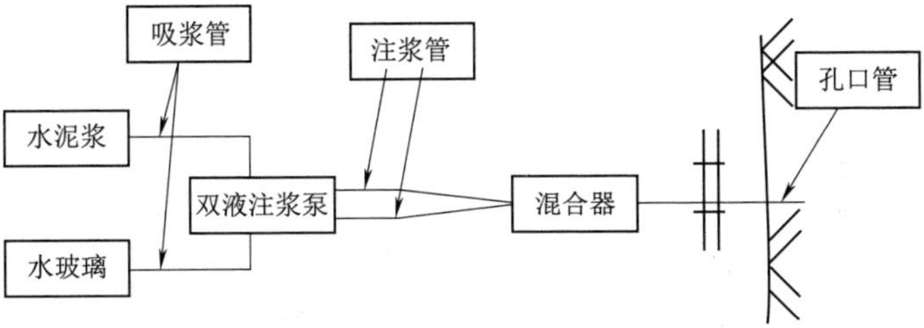

图 4.1－2　注浆工艺流程图

9 m 超前注浆方法：通过隧道掌子面向前方按设计角度用手持式钻机造 9 m 深孔，拔出钻杆后立即安装 ϕ20 注浆钢管，与注浆系统连接完成后即可开始注浆。浆液从注浆管端头单点向外扩散，最终把不小于 9 m 长段浆液扩散半径范围内土体渗透充填挤密，从而达到改良加固土体并具有止水效果的作用，如图 4.1－3 所示。

注浆孔在开始部位的掌子面按矩形布置，布置顺序为由外到内，孔距 300～450 mm，排距 300～450 mm，最大外插角约 37°，纵向共分五段施工，如图 4.1－4～图 4.1－6 所示。

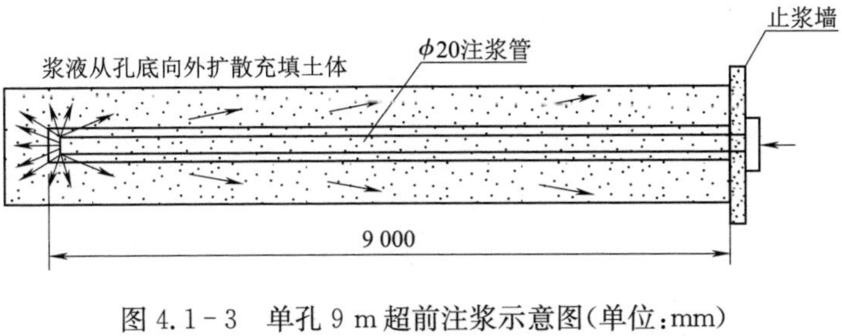

图 4.1－3　单孔 9 m 超前注浆示意图(单位：mm)

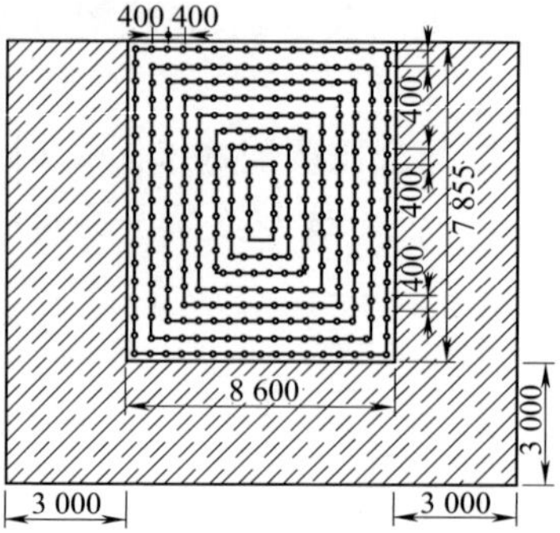

图 4.1-4 全断面注浆布孔示意图(单位:mm)

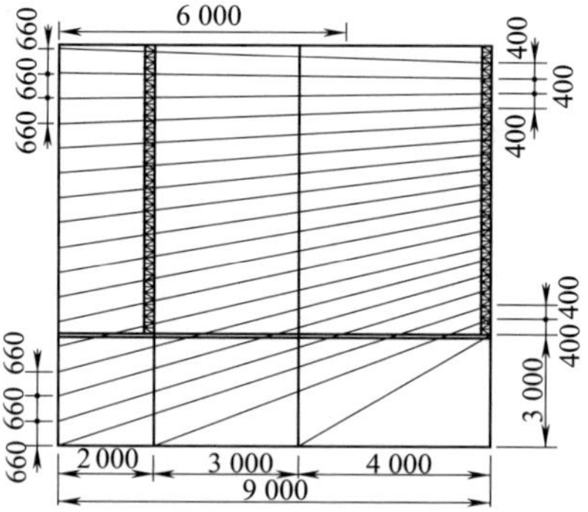

图 4.1-5 全断面注浆纵剖面图(单位:mm)

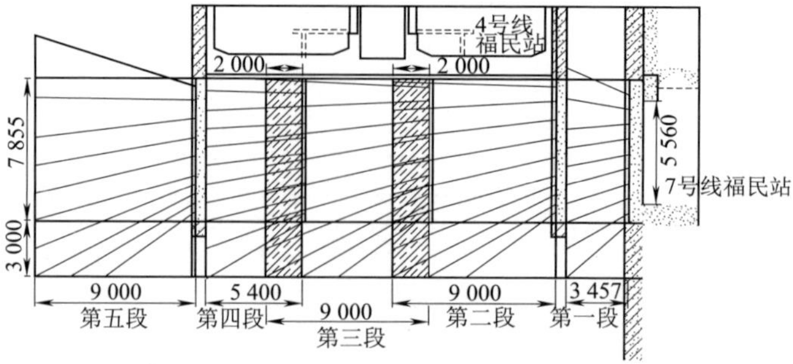

图 4.1-6 超前注浆纵向示意图(单位:mm)

4.1.5　注浆加固方法

注浆顺序:由东向西,由外圈向内圈,从上至下间隔钻孔注浆。

1.施工准备

平整掌子面,规范核心土,布设注浆平台,钻机、注浆机、注浆管、水泥浆液和水玻璃就位。

(1)划分施工区域,施工区域按照开挖顺序及分层进行划分。绘制注浆孔位布置图,对所有作业孔进行分序及编号。

(2)编写作业指导书,进行技术交底。让施工人员熟悉施工参数、技术要求、施工特点、施工顺序,掌握操作规程、规范。

(3)布置水、电、输浆管路及制浆系统,并检查水、电、输浆管路是否满足施工要求;试运行制浆系统,确定制浆系统供浆能力、供浆范围。

(4)准备施工材料,进行材料验收和检验并上报监理人,最终确定注浆使用的施工材料(水、水泥、外加剂等)。

(5)搭设钻孔灌浆平台。

(6)调试施工机械。

2.钻孔

(1)掌子面按1 m×1 m梅花形布置打设长2 m的DN42小导管,挂150 mm×150 mm的ϕ8 mm网片,喷200 mm厚C25早强混凝土封闭,下台阶上部也需打设小导管挂网片喷混凝土封闭。

(2)全断面深孔注浆孔施工孔位放样控制:用测量仪器进行放线,由施工技术人员根据施工图纸进行放样,并现场标注排号(环号)、孔位、孔号。

(3)开孔控制:钻机就位后,核实灌浆孔的开孔孔位是否符合施工图要求,达到要求后,利用1.5″钢管及卡扣固定钻机。钻机安装必须平整稳固,钻孔前用水平尺及罗盘等对钻机进行校核,校核无误后对钻机进行加固,防止钻机移位。

(4)全断面深孔注浆孔钻孔采用水电钻或150型回转式地质钻机,钻孔孔径初拟 ϕ75 mm。

(5)在存在水平旋喷桩施工断面,上部注浆孔仅向洞内及下部辐射,下部注浆孔向两侧及下部辐射1 m,注浆加固范围为开挖轮廓线外1 m,在隧道外围形成一道止水帷幕,洞内3 m作为下循环止水岩盘,注浆孔间距按照浆液扩散半径1.0~1.5 m及开挖进尺、辐射范围进行调整,一般为梅花形布置,不规则部位可根据断面形状进行调整。

(6)在无水平旋喷桩施工断面,仅施工全断面注浆,注浆加固范围为开挖轮廓线外3 m,在隧道外围形成一道止水帷幕及下循环施工止水岩盘,钻孔呈环状全断面辐射,注浆孔间距按照浆液扩散半径1.0~1.5 m及开挖进尺、辐射范围进行调整,一般为梅花形布置,不规则部位可根据断面形状进行调整。

(7)各断面施工根据开挖分层、分块先后顺序进行施工,在同一分层及分块部位内的注浆孔原则上按照由外及内、间隔分序的顺序钻孔。

(8)钻孔前按照各断面孔位布置图及各循环开挖进尺,绘制各断面剖面图,确定钻孔角度、孔深,并制作"钻孔孔深及角度对照表"。进洞段按9 m作为一个循环,各孔孔深及钻孔角度详见表4.1-2。

表4.1-2 全断面注浆钻孔孔深及角度对照表

序号	排号	孔数(个)	孔号	孔深(m)	角度	
					水平方向	铅垂方向
1	第一排	5	1-1	13	左倾1°	上倾1°
2			1-2	13	0°	上倾1°
3			1-3	13	0°	上倾1°
4			1-4	13	0°	上倾1°
5			1-5	13	右倾1°	上倾1°

续上表

序号	排号	孔数(个)	孔号	孔深(m)	角度	
					水平方向	铅垂方向
6	第二排	8	2-1	13	左倾 1°	0°
7			2-2	13	0°	0°
8			2-3	13	0°	0°
9			2-4	13	0°	0°
10			2-5	13	0°	0°
11			2-6	13	0°	0°
12			2-7	13	0°	0°
13			2-8	13	右倾 1°	0°
14	第三排	11	3-1	13	左倾 1°	下倾 1°
15			3-2	13	0°	下倾 1°
16			3-3	13	0°	下倾 1°
17			3-4	13	0°	下倾 1°
18			3-5	13	0°	下倾 1°
19			3-6	13	0°	下倾 1°
20			3-7	13	0°	下倾 1°
21			3-8	13	0°	下倾 1°
22			3-9	13	0°	下倾 1°
23			3-10	13	0°	下倾 1°
24			3-11	13	右倾 1°	下倾 1°
25	第四排	12	4-1	13	左倾 1°	下倾 3°
26			4-2	13	0°	下倾 3°
27			4-3	13	0°	下倾 3°
28			4-4	13	0°	下倾 3°
29			4-5	13	0°	下倾 3°
30			4-6	13	0°	下倾 3°

续上表

序号	排号	孔数(个)	孔号	孔深(m)	角度	
					水平方向	铅垂方向
31	第四排	12	4-7	13	0°	下倾 3°
32			4-8	13	0°	下倾 3°
33			4-9	13	0°	下倾 3°
34			4-10	13	0°	下倾 3°
35			4-11	13	0°	下倾 3°
36			4-12	13	右倾 1°	下倾 3°
37	第五排	13	5-1	13	左倾 2°	下倾 5°
38			5-2	13	0°	下倾 5°
39			5-3	13	0°	下倾 5°
40			5-4	13	0°	下倾 5°
41			5-5	13	0°	下倾 5°
42			5-6	13	0°	下倾 5°
43			5-7	13	0°	下倾 5°
44			5-8	13	0°	下倾 5°
45			5-9	13	0°	下倾 5°
46			5-10	13	0°	下倾 5°
47			5-11	13	0°	下倾 5°
48			5-12	13	1°	下倾 5°
49			5-13	13	右倾 2°	下倾 5°
50	第六排	12	6-1	6	左倾 14°	下倾 8°
51			6-2	10	左倾 12°	下倾 8°
52			6-3	13	左倾 11°	下倾 8°
53			6-4	13	左倾 9°	下倾 8°
54			6-5	13	左倾 7°	下倾 8°
55			6-6	13	左倾 4°	下倾 8°
56			6-7	13	右倾 4°	下倾 8°

续上表

序号	排号	孔数(个)	孔号	孔深(m)	角度	
					水平方向	铅垂方向
57	第六排	12	6-8	13	右倾 7°	下倾 8°
58			6-9	13	右倾 9°	下倾 8°
59			6-10	13	右倾 11°	下倾 8°
60			6-11	10	右倾 12°	下倾 8°
61			6-12	6	右倾 14°	下倾 8°
62	第七排	13	7-1	6	左倾 14°	下倾 9°
63			7-2	10	左倾 12°	下倾 9°
64			7-3	13	左倾 11°	下倾 9°
65			7-4	13	左倾 9°	下倾 9°
66			7-5	13	左倾 7°	下倾 9°
67			7-6	13	左倾 4°	下倾 9°
68			7-7	13	0	下倾 9°
69			7-8	13	右倾 4°	下倾 9°
70			7-9	13	右倾 7°	下倾 9°
71			7-10	13	右倾 9°	下倾 9°
72			7-11	13	右倾 11°	下倾 9°
73			7-12	10	右倾 12°	下倾 9°
74			7-13	6	右倾 14°	下倾 9°
75	第八排	12	8-1	6	左倾 14°	下倾 12°
76			8-2	10	左倾 12°	下倾 12°
77			8-3	13	左倾 11°	下倾 12°
78			8-4	13	左倾 9°	下倾 12°
79			8-5	13	左倾 7°	下倾 12°
80			8-6	13	左倾 4°	下倾 12°
81			8-7	13	右倾 4°	下倾 12°

续上表

序号	排号	孔数(个)	孔号	孔深(m)	角度	
					水平方向	铅垂方向
82	第八排	12	8-8	13	右倾 7°	下倾 12°
83			8-9	13	右倾 9°	下倾 12°
84			8-10	13	右倾 11°	下倾 12°
85			8-11	10	右倾 12°	下倾 12°
86			8-12	6	右倾 14°	下倾 12°
87	第九排	11	9-1	7	左倾 12°	下倾 13°
88			9-2	10	左倾 12°	下倾 13°
89			9-3	13	左倾 9°	下倾 13°
90			9-4	13	左倾 7°	下倾 13°
91			9-5	13	左倾 4°	下倾 13°
92			9-6	13	0°	下倾 13°
93			9-7	13	右倾 4°	下倾 13°
94			9-8	13	右倾 7°	下倾 13°
95			9-9	13	右倾 9°	下倾 13°
96			9-10	10	右倾 12°	下倾 13°
97			9-11	7	右倾 12°	下倾 13°
98	第十排	8	10-1	7	左倾 16°	下倾 13°
99			10-2	13	左倾 12°	下倾 13°
100			10-3	13	左倾 10°	下倾 13°
101			10-4	13	左倾 4°	下倾 13°
102			10-5	13	左倾 4°	下倾 13°
103			10-6	13	左倾 10°	下倾 13°
104			10-7	13	左倾 12°	下倾 13°
105			10-8	7	左倾 16°	下倾 13°
合计		105	—	1 275	—	—

(9)钻孔过程中注意地层变化、回水颜色,特别是断层破碎带、节理发育密集或涌水地段,并做详细记录。

(10)钻孔过程中必须控制钻孔转速及钻进速度,以确定在该地层条件下的钻进参数,防止塌孔等孔内事故出现。

(11)密切观察溢水出水情况,出现大量溢水出水时,应立即停钻,分析原因后再进行施工。

(12)注浆管为DN20无缝钢管,分节长度3～6 m,采用人工安装,接头采用丝扣连接,注浆管端头距孔底30 cm。

注浆管连接完成后如图4.1－7所示。

图4.1－7 现场注浆管连接完成

3.注浆

(1)全断面深孔注浆孔采用FBY80/80型双液注浆泵灌注。

(2)采用孔口封闭、全孔一次注浆。钻孔结束后立即埋设注浆花管,注浆管距孔底一般为50 cm。在钢筋混凝土段注浆时,采用孔口塞进行封闭;在喷射混凝段注浆时,采用面纱缠裹注浆花管,孔口采用水玻璃伴水泥砂浆封堵,封堵长度不少于1.0 m。

(3)注浆压力初拟采用0.3～1.0 MPa,实际根据注浆效果最终确定。注浆过程中应根据注入率变化情况分级升压。

(4)当注入率小于30 L/min,采用水灰比为1∶1的纯水泥浆液灌注;当注入率大于30 L/min,采用双液浆灌注。

(5)双液浆注浆材料采用水泥—水玻璃双液浆。水泥浆与水玻璃浆按照1∶1体积比在孔内混合;水泥浆水灰比初拟为1∶1;水玻璃细度模数为 2.6，浓度为 30°Bé，注浆前用水进行稀释至 10°Bé～15°Bé，现场采用婆梅比重计测量。

（6）注浆过程中严格控制注浆压力，同时密切关注注入率，当压力突然上升、注入率突然增大或从孔壁、地面溢浆时，应立即停止注浆，查明原因后采取调整注浆参数或移位等措施重新注浆。

（7）当上一孔注浆时，隔 2 孔再次进行钻机定位，钻孔操作，依次循环。当隔孔均注浆完成，土体加固强度达到设计值后，才能进行隔孔间的钻孔注浆操作，直至注浆完成。

（8）注浆过程中发生漏浆现象时，采用棉纱或水玻璃伴水泥砂浆封堵。

（9）注浆结束标准：注浆压力达到设计压力，持续灌注 10 min，观察储浆桶中浆液并无明显下降或进浆速度为初始进浆速度的 1/4 时，即可结束该孔注浆。

4.1.6　左右线间土体注浆加固

下穿段先进行右线施工，当右线隧道开挖初期支护完成后，可通过右线对左右线间土体进行超前注浆加固，加固范围长 8.9 m，注浆孔钻孔深 9 m，间排距 800 mm，梅花形布置，注浆参数与掌子面注浆相同。现场钻孔如图 4.1－8 所示，注浆加固如图 4.1－9 所示。

图 4.1－8　现场钻孔图

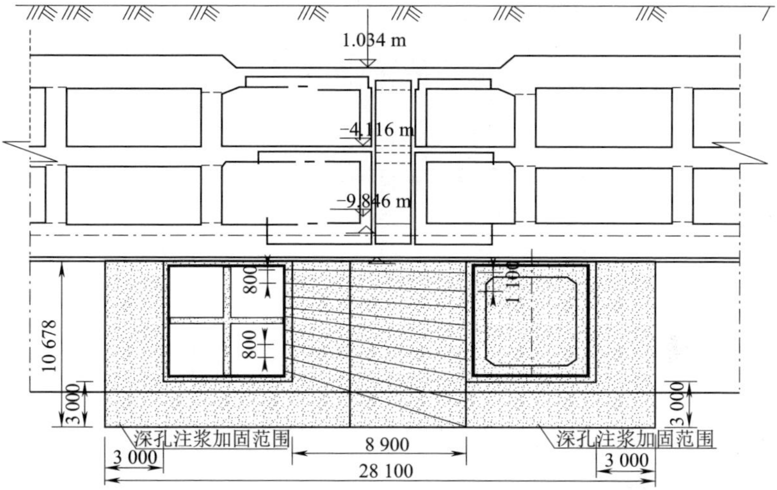

图 4.1－9　左右线间土体加固示意图(单位:mm)

4.1.7　注浆效果检查

注浆结束后,必须进行注浆效果检查,注浆效果检查的方法主要采用分析法和钻孔取芯检查法。

1. 分析法

对注浆记录进行整理分析,看每孔注浆压力是否达到注浆终压,注浆过程中是否发生漏浆、串浆等现象,判定注浆效果。

2. 钻孔取芯检查法

现场主要采用钻孔取芯的方法检测注浆效果,钻孔采用地质钻机。根据规范要求检查孔数量不少于注浆孔数量的 3%～5%,且每地段不少于 1 个检查孔。根据下穿段隧道的开挖步序,每步序取检查孔 2 个,一个断面共取 8 个检查孔,检查孔取芯长度与每环开挖长度相同(9 m 段注浆钻孔深 7 m),钻孔取芯布置如图 4.1－10 所示。

(1)无侧限抗压强度检测

通过钻孔,从注浆体内取出原状样品,送实验室进行无侧限抗压强度检测,并出具试验检测报告,设计要求加固后的土体无侧限抗压强度为 1.0～1.2 MPa。

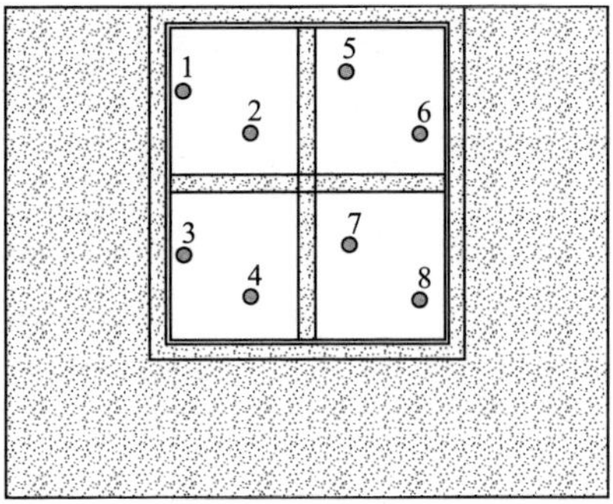

图 4.1－10 钻孔取芯点位示意图

(2)渗透系数检测

检查孔钻孔时适当控制上仰角度在 1°～2°范围,能反映渗水渗流情况;通过检查孔可直观反映是否存在渗漏现象,若有渗漏则现场测出渗水量,根据渗水量可通过经验计算公式算出掌子面前方开挖范围土体渗透系数:

$$k=Q/(S\times t) \tag{4.1-3}$$

式中 k——渗透系数(cm/s),设计要求渗透系数不大于 1.0×10^{-6} cm/s;

S——渗水面积(cm^2),S＝隧道开挖轮廓周长×注浆段开挖长度;

t——渗水时间(s);

Q——渗水量(cm^3),取 24 h 现场实测量。

若检验结果不满足设计要求,则增加一倍检查孔对注浆段进行二次检测。通过二次检测可初步判断注浆范围的薄弱部位,重点针对薄弱部位进行二次补强注浆。二次注浆孔间排距 800 mm,注浆方式与超前注浆相同,二次补强注浆完成后再次进行注浆效果检查,直至检验结果满足要求方可进行下一步序施工。全断面注浆效果如图 4.1－11所示。

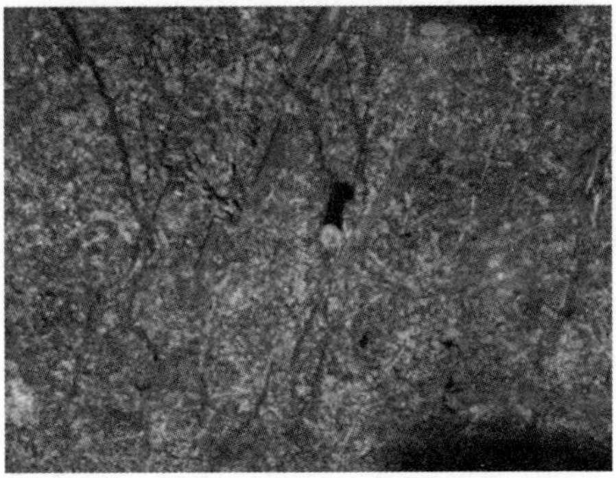

图 4.1－11　全断面注浆加固效果图片

4.2　零距离下穿开挖与支护技术

4.2.1　零距离下穿开挖与支护顺序

1. 总体要求

通过 7 号线福民站西端预留 1 号出土孔进入下穿段施工，下穿段共分三步进行，①部为 4 号线与 7 号线福民站段；②步为正式下穿运营 4 号线段；③步为 4 号线与区间标准断面衔接段。正式下穿施工前，先对①部进行全断面注浆试验，对注浆压力、注浆量等参数进行优化，为后续穿越段做准备。

下穿段隧道采用 CRD 四步暗挖法进行施工，右线全部二次衬砌施工完成后，开始进行左线隧道的施工。CRD 四步法每步间隔距离 4 m；开挖初期支护完成后再进行二次衬砌施工。区间下穿段开挖过程中应结合监测数据和风险工程的时间反应依次进行分析评估，以指导另一条隧道通过时的技术措施。隧道施工方向为从东向西。

按照“快速掘进、工序紧凑平行、地质预报准确、措施有力及时、员工组织精干、机具配备精良、安全优质高效”的原则进行总体施工部署。在施工安排中充分满足现场的施工需要，同时做好协调工作保证现场的施工顺利。

下穿段隧道穿越砾质黏性土，全风化、强风化花岗岩，施工中制定地质预测、预报和监控量测计划，纳入施工工序。在施工中根据地质预测、预报及监控量测信息实施动态管理，根据预报、量测结果采取相应的处理措施，制定可靠的处理方案和技术措施，发现围岩级别与地下水状态、设计不符时，及时提出设计变更，确保施工安全和不留隐患。

施工中严格按照“管超前、严注浆、短进尺、弱爆破、强支护、勤量测、早封闭”的方针进行施工和管理，为保证地层与初期支护之间密实，在初期支护完成后，及时进行初期支护背后回填注浆，确保结构安全和施工质量。根据监测数据情况，隧道开挖初期支护完成后及时施工二次衬砌结构。

出渣采用无轨运输、人工配合小型机械装运，出土孔垂直提升。

2. 开挖与支护顺序

CRD 法开挖按先左上、左下断面后右上、右下断面的施工顺序进行，掌子面应前后错开 3～5 m 的距离，见表 4.2－1。施工应确保少水或无水作业，初期支护必须严格遵循“管超前、严注浆、强支护、短进尺、勤量测、早封闭”的施工原则，做到随挖随支。

3. 施工工艺流程

下穿段施工工艺流程如图 4.2－1 所示。

表 4.2－1　零距离下穿开挖与支护顺序

序号	施工工序图示	施工工序说明
1	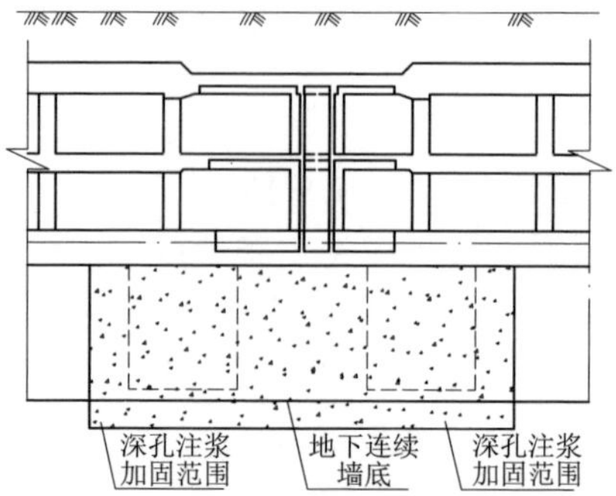	第一步：7 号线福民站做完后，开始从该侧向皇岗村站对 4 号线站下土体进行深孔注浆加固

续上表

序号	施工工序图示	施工工序说明
2	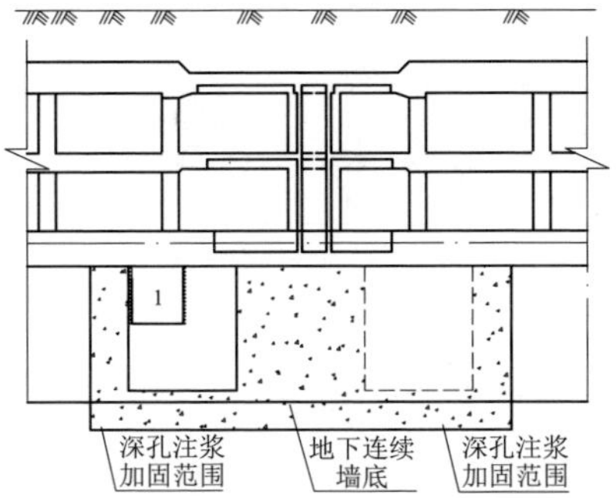	第二步：开挖前从暗挖段端墙掌子面对 1 部做超前补充注浆加固，开挖侧墙两侧各一排小导管，其中与导洞方向同向，边列向外放 7°外插角
3	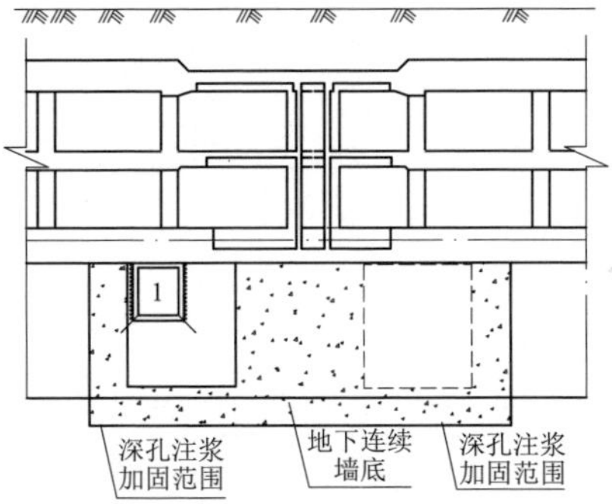	第三步：开挖第 1 部，施作初期支护。开挖步距及格栅间距均为 0.5 m。安装型钢格栅、打设索脚锚杆
4	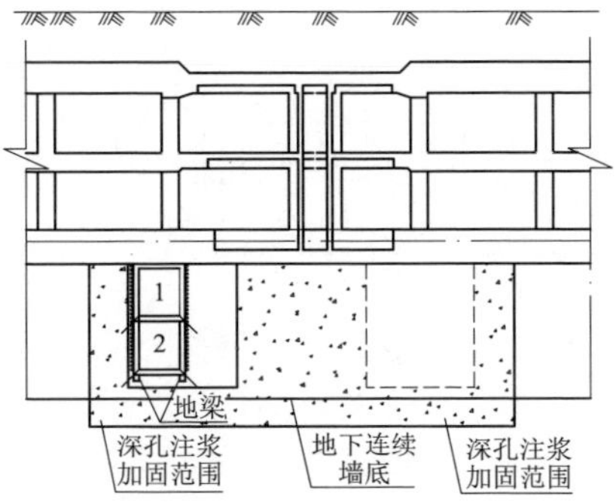	第四步：小步距开挖第 2 部，架设地梁，施作初期支护

续上表

序号	施工工序图示	施工工序说明
5	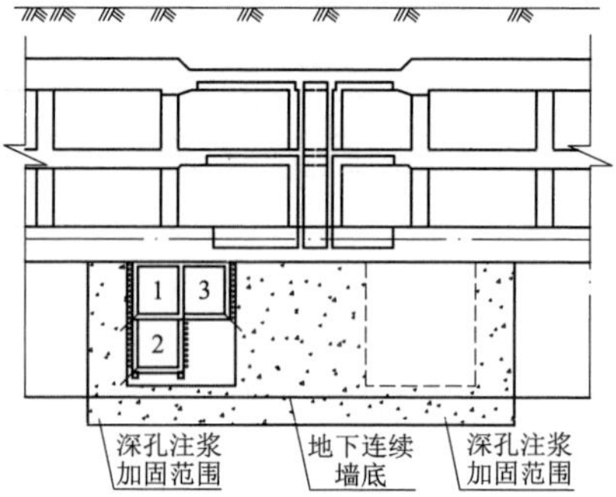	第五步：小步距开挖第 3 部，施作初期支护。开挖前在掌子面上对侧壁处打设小导管超前支护，在钢筋格栅处打设锁脚锚杆
6	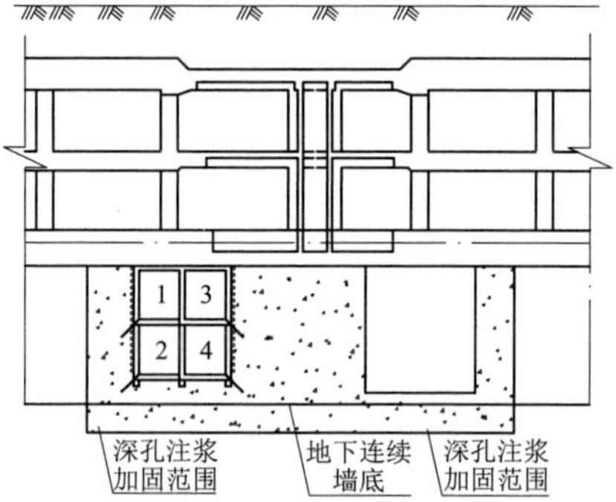	第六步：小步距开挖第 4 部，架设地梁，施作初期支护
7	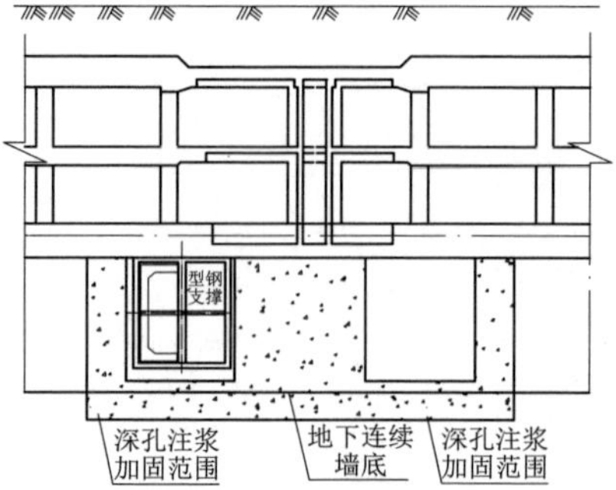	第七步：在监测应力允许的情况下，小步距分段拆除临时仰拱(纵向一次性拆除长度不超过 4 m)，施作 1、2 部防水层、底板、侧墙、顶板二次衬砌

续上表

序号	施工工序图示	施工工序说明
8	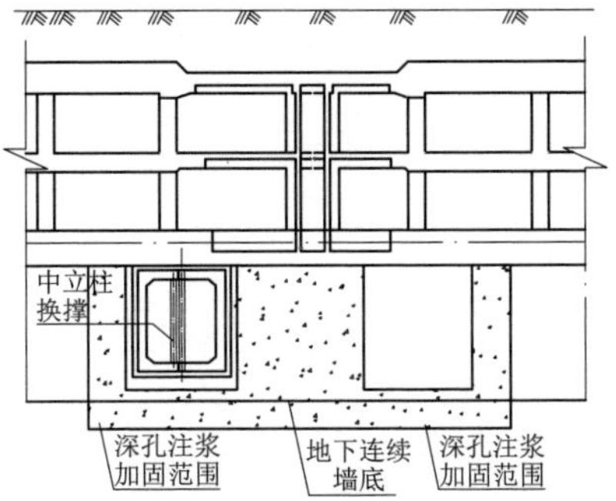	第八步：架设中立柱换撑，拆除中立柱，施作3、4部防水层、底板、侧墙、顶板二次衬砌结构
9	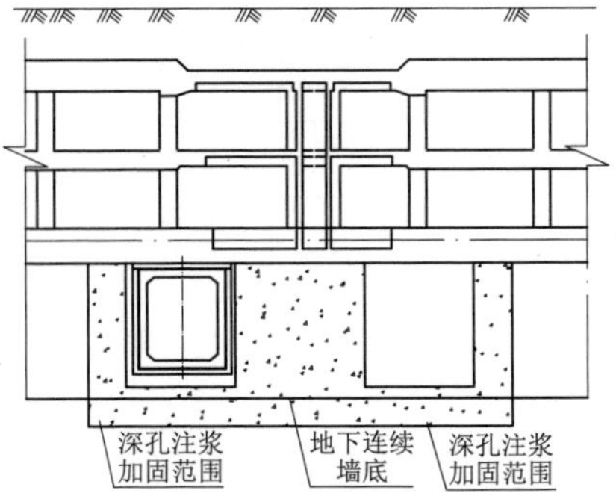	第九步：在二次衬砌结构混凝土达到设计强度95%以上时，根据应力监测，逐步拆除换撑中立柱。拆除过程中，通过在顶板与运营站底板间预埋管压力注浆控制沉降

4.2.2　地连墙拆除技术

1. 拆除顺序

7号线福民站地连墙厚度为1 000 mm，4号线福民站地连墙厚度为800 mm；为确保隧道口结构安全，减小对运营4号线运营影响，隧道与地下连续墙连接处按图4.2-2所示四部分区域拆除，拆除顺序按CRD法开挖顺序分步拆除，即按①→②→③→④顺序拆除，每步拆除尺寸如图4.2-2所示。地连墙拆除分两期进行施工，一期先拆除掌子面预留止浆墙 200 mm 范围，待注浆完成质量验收合格后进行二期剩余墙体拆除。

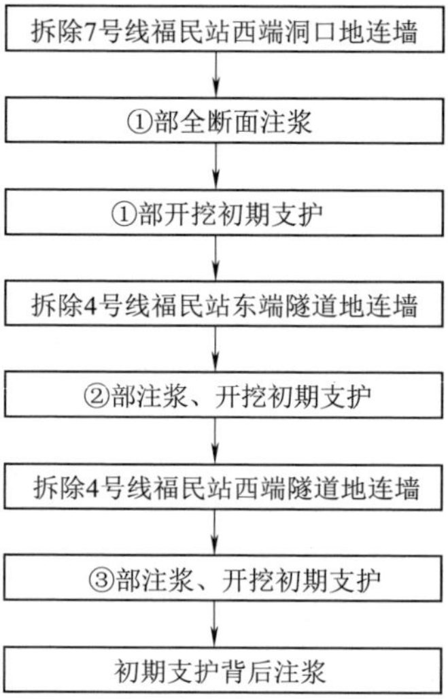

图 4.2－1　下穿段施工工艺流程框图

2. 拆除方法

地连墙拆除时，距离地面 2 m 以上需搭设操作平台，采用落地式脚手架搭设，间排距 1.5 m，竖向步距 1.5 m，每 3 m 设置一道斜撑，斜撑支点必须牢固可靠。作业平台采用 5 cm 厚木板铺设牢固，如图 4.2－2所示。周边按要求设置安全防护栏杆，确保施工安全。

图 4.2－2　地连墙拆除搭设操作平台

地连墙轮廓尺寸周边采用电钻造孔，钻孔参数为 ϕ80@60 mm，孔深 700 mm(800 mm 墙厚)，避免打穿地连墙造成地下水的渗漏，待周边轮廓孔施工完成，隧道范围墙体与连续墙整体分离后，再进行内部一期拆除。内部拆除主要采用手风钻打导孔风镐人工破除，如图 4.2－3所示。为保持剩余 200 mm 连续墙体的完整性，一期拆除预留 100 mm 保护层，即用风镐先拆除 500 mm 厚，再用凿毛机或人工钢钎修凿保护层，二期拆除采用风镐拆除，拆除残渣水平运输通过出土孔吊出外运。

电钻造孔时为静钻状态，无振动影响；手风钻及风镐具有一定的振动，但相比大型机具破除振动影响较小，地连墙拆除时提前与港铁运营人员联系，若振动影响车站运营，则将拆除时间调整到晚上停运时段施工(23:00～6:30)。同时我部将预备好切割队伍，根据进度需求采用切割或钻孔方式拆除 4 号线地下连续墙，如图 4.2－4 所示。

图 4.2－3　手风钻打导孔拆除地连墙

图 4.2－4　现场地连墙拆除

4.2.3　开挖与支护技术

下穿段为矩形断面(宽 6 600 mm、高 7 855 mm)，采用 CRD 四步暗挖法施工，开挖初期支护步距 500 mm；初期支护采用超前小导管补注浆加固、型钢钢架、全包双层 ϕ8 双层钢筋网@150 mm×150 mm、喷射 350 mm 厚 C25 早强混凝土方法，如图 4.2－5 所示。

洞口地下连续墙破除完成且全断面注浆质量验收合格后，即可进行下穿段开挖初期支护施工。开挖初期支护施工顺序为：打设超前小导管补注浆加固→隧道开挖→挂网→格栅安装→锁脚锚管→喷射混凝土→下一循环→初期支护背后注浆。

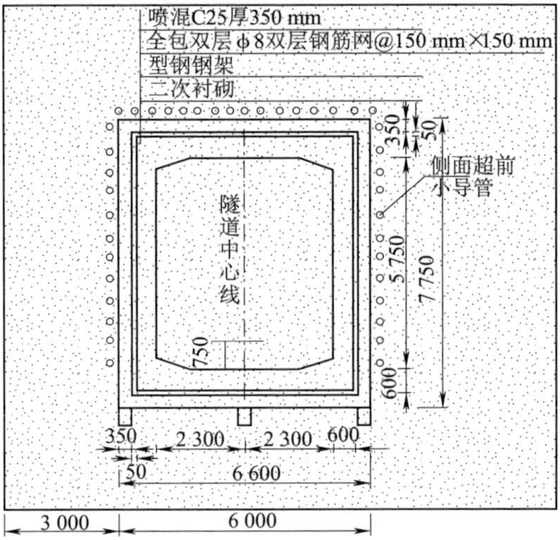

图 4.2－5　下穿段开挖初期支护断面示意图(单位:mm)

1. 超前小导管施工

(1)小导管设计

导洞开挖时对地层设超前小导管,型号 ϕ42、壁厚 3.5 mm 热轧钢管,垂直向间距 0.3 m,小导管 $L=3$ m,水平倾角 7°,一榀一打,注浆压力为 0.3～0.5 MPa。小导管浆液材料为水泥—水玻璃双液浆。

(2)小导管施工工艺流程

在洞口处进行小导管施工,其施工工艺流程如图 4.2－6 所示。

(3)超前小导管支护施工

由于深圳地铁 7 号线隧道处于砾质黏性土,全风化、强风化花岗岩层,围岩软弱,故采用小导管超前支护。小导管的纵向搭接长度≥1 m,与线路中线方向大致平行;小导管采用手风钻造孔,孔位钻设偏差不超过 10 cm,孔深大于小导管长 0～5 cm,孔口距允许偏差±50 cm;超前小导管注浆压力应符合设计要求,浆液必须充满钢管及其周围的空隙,另外与支撑结构连接牢固,起到整体加固作用。

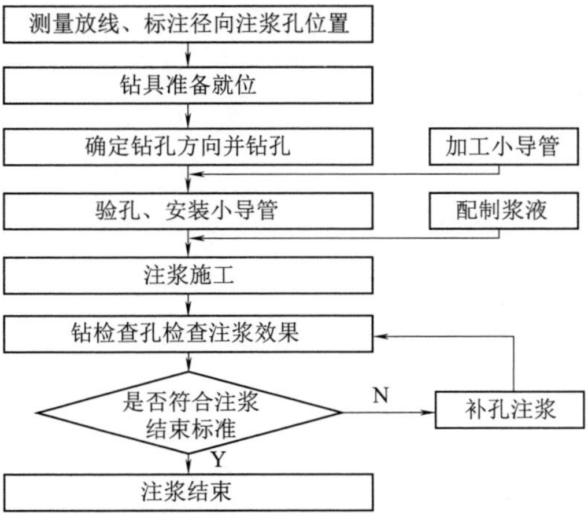

图 4.2-6 小导管注浆施工工艺流程图

2. 隧道开挖

下穿段隧道开挖采用 CRD 四步暗挖法，开挖初期支护每环步距 500 mm；上步序与下步序掌子面保持 4 m 安全距离，先施工右线隧道，右洞贯通后再开挖左洞。CRD 法由临时支护中隔壁板分隔成①、②、③、④共四个导洞，如图 4.2-7 所示，现场如图 4.2-8 所示。

CRD 导洞开挖采用预留核心土台阶法，如图 4.2-9 所示。台阶距离控制在 4 m 范围，纵向开挖步距设计要求为 500 mm。开挖土体分步施工顺序为①→②→③→④。当混凝土硬化后进行背后注浆。

下穿段隧道开挖主要采用人工风镐凿挖，局部具备条件处采用小型挖机配合开挖，水平运输采用人工手推车倒运至小型运输渣斗车内，通过 7 号线福民站 1 号预留出土孔垂直运输至地面临时存渣场，最后集中外运。

皇—福区间隧道零距离下穿运营 4 号线福民站，隧道顶部开挖时 4 号线底板垫层可能出现掉块及防水层受损现象，防护措施如下：

(1)严格控制注浆过程，确保全断面注浆加固地层质量效果。

(2)开挖过程中严格按设计要求控制步距，对开挖出露轮廓及时进行初喷 5 cm 素混凝土封闭。

(3)开挖完成后快速封闭成环,及时施作初期支护背后注浆。

(4)钢拱架安装过程中在顶部空隙处采用钢楔子加固,确保与4号线车站底板密贴牢固。

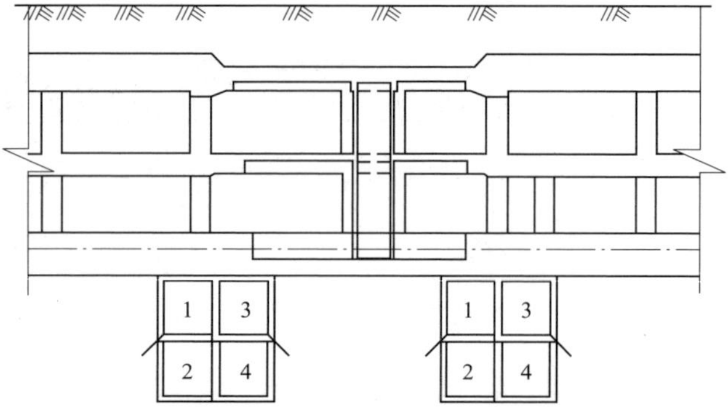

图4.2-7　下穿段CRD法开挖断面示意图

图4.2-8　现场CRD法施工

图4.2-9　现场预留核心土台阶法开挖

3. 钢筋网铺设

钢筋网铺设时与钢架绑扎连接(或点焊焊接)牢固。钢筋网和钢架绑扎时,绑在靠近岩面一侧,确保整体结构受力平衡。

钢筋网铺设要求:钢筋网的混凝土保护层厚度≥3 cm,钢筋网搭接长度应为1～2个网孔,允许偏差为±5 cm。

4. 钢架施工

(1)制作:钢架按设计尺寸在洞外下料分节焊接制作,制作时严格按设计图纸进行,保证每节的形状与尺寸均符合设计要求,每节两端均焊连接板,节点间通过连接板用螺栓连接牢靠,加工后必须进行试拼检查,严禁不合格品进场。

(2)安装:钢架按设计要求安装,安装尺寸允许偏差,横向和高程为±5 cm,垂直度±2°。钢架的下端用螺栓与连接板连接,拱脚超挖时设混凝土垫块,安装后用锁脚锚杆定位。超挖较大时,拱背喷填同级混凝土,以使支护与围岩密贴,控制其变形的进一步发展。钢架间用 ϕ22 钢筋拉杆纵向连接牢固,环向间距1 m,以便形成整体受力结构。

(3)施工技术措施:钢架安装时,严格控制其内轮廓尺寸,且预留沉降量,防止侵限。钢架安装好后,用锚杆锁脚固定,防止其发生移位。钢架背后喷混凝土密实,拱架全部被喷射混凝土覆盖,保护层厚度不小于4 cm。

5. 喷射混凝土施工

开挖成型后立即进行素混凝土初喷封闭围岩,充分发挥围岩的自稳能力,喷混凝土采用干喷机作业,喷混凝土前采用高压风吹净岩面;在不良地质地段,设专人随时观察围岩变化情况,当受喷面有涌水、淋水、集中出水点时,先进行引排水处理喷射作业。

喷射混凝土的厚度和表面平整度应满足:平均厚度大于设计厚度;检查点数的80%及以上大于设计厚度;最小厚度不小于设计厚度2/3;表面平整度的偏差≤100 mm。喷射混凝土终凝2 h后,采取有效措施进行养护,养护时间不少于14 d。喷射混凝土表面做到密实、平整，无裂缝、脱落、漏喷、漏筋、空鼓和渗漏水，锚杆头钢筋无外漏。

6. 初期支护背后注浆

背后回填注浆以初期支护与围岩的密贴为原则，浆液采用水泥浆液，注浆压力 0.3～0.5 MPa，注浆量根据地层及现场情况确定。

初次衬砌施作时顶部预埋 ϕ42 钢花管，环向间距 2～3 m，纵向间距 3 m，顶部 150°范围布置，每步初期支护完成后及时进行填充注浆，全环封闭后应进行二次补注浆。

4.3　零距离下穿二次衬砌施工技术

4.3.1　工艺流程

开挖初期支护完成后立即进行二次衬砌施工，施工工艺流程如图 4.3－1 所示。

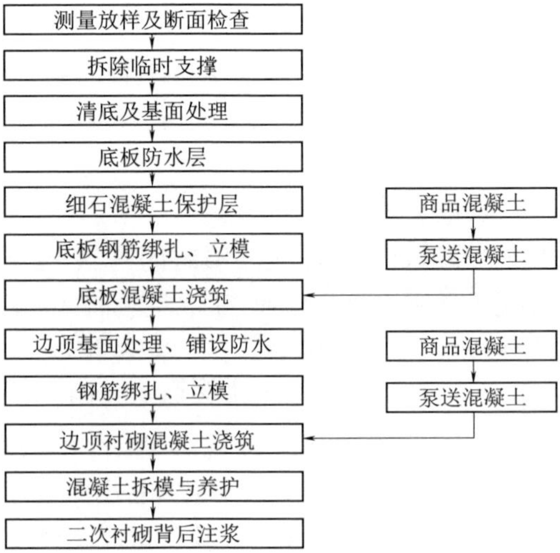

图 4.3－1　二次衬砌施工工艺流程图

零距离下穿二次衬砌纵向采用顺序施工，临时支撑拆除一段施作一段，断面上先施工底板，再施工边顶板，边墙及顶板整体浇筑。临时支撑现场拆除过程如图 4.3－2 所示。

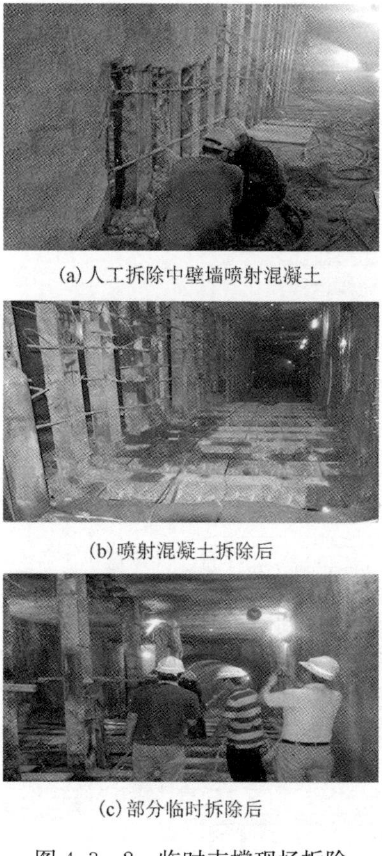

(a)人工拆除中壁墙喷射混凝土

(b)喷射混凝土拆除后

(c)部分临时拆除后

图 4.3－2　临时支撑现场拆除

二次衬砌施工顺序：测量检查开挖断面→堵漏→拆除临时支撑→清理验收基面→防水铺设→钢筋绑扎→杂散电流防护→搭架立模→验仓→浇筑混凝土→拆模养护→二次衬砌背后注浆，见表 4.3－1。

表 4.3－1 零距离下穿二次衬砌施工顺序

序号	施工工序图示	施工工序说明
1	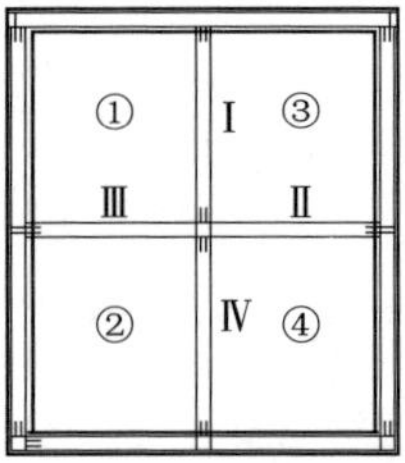	第一步:检测开挖断面,初期支护背后补强注浆,基面渗漏处理;根据监测数据及衬砌分段情况,按Ⅰ→Ⅱ→Ⅲ→Ⅳ步分段拆除临时支护
2		第二步:底板清理基面,铺设防水、垫层,施作底板二次衬砌结构
3	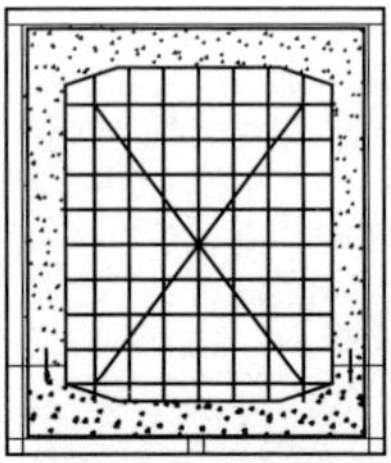	第三步:搭设满堂架、基面处理、铺设防水层、施作边顶拱二次衬砌结构
4	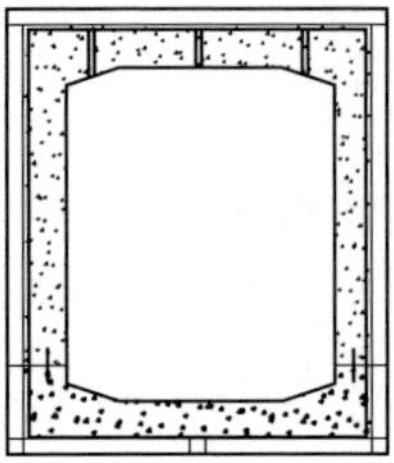	第四步:混凝土达到设计要求强度后拆模,养护混凝土,施作二次衬砌背后注浆,进入下一循环

4.3.2　防水施工

在隧道二次衬砌施工之前，先对隧道初期支护断面净空进行测量，对隧道净空进行检查，完成后将测量成果上报。如发现初期支护侵限，提前对侵限部分进行处理，处理完成后进行复测，并经监理工程师检查合格后进行下一道工序。

隧道暗挖段防水层采用无纺布＋PVC 防水板，全包设置，现场防水施工如图 4.3－3 所示。主体结构、二次衬砌采用防水钢筋混凝土，抗渗标准为 P10。在二次衬砌内每纵向 2.5 m 设置 2～3 根预埋注浆管(注浆管不得穿透防水层表面)，便于二次衬砌背后填充注浆，注浆材料为 1∶1 普通水泥砂浆；注浆压力根据实际情况确定，控制在 0.2～0.5 MPa 范围内。

图 4.3－3　现场防水施工

变形缝、后浇带、施工缝、预埋件、预留通道接头、各种结构的接口等部位，是防水薄弱环节，必须加强防水措施。

出入线隧道结构防水等级为二级，不允许漏水，结构表面可有少量湿渍，具体标准详见表 4.3－2。

表 4.3-2 隧道防水标准

序号	项目	标准
1	总湿渍面积	不大于总防水面积的 2/1 000
2	任意 100 m^2 防水面积	湿渍不超过 3 处
3	单个湿渍最大面积	不大于 0.2 m^2
4	任意 100 m^2 防水面积上渗水量	不大于 0.15 L/(m^2 · d)
5	隧道机构防水混凝土抗渗等级	≥P10

4.3.3 钢筋施工

钢筋按要求在洞外钢筋加工区统一加工，加工好后运输到现场，人工安装绑扎，如图 4.3-4 所示。根据测量控制点先扎外层环向定位钢筋，用纵向筋将定位钢筋连接后，以纵向筋作为其他环向筋安扎依据，扎完外层后再用相同方法安扎内层钢筋，并及时将内外层钢筋用蹬筋连接，电弧焊点焊，以加强整体刚度。钢筋安设完成后，按中线标高进行轮廓尺寸检查，合格后于内层钢筋挂设砂浆垫块，以确保混凝土灌注后钢筋保护层厚度。钢筋绑扎时，严禁损伤防水板，钢筋焊接时，用防火板对防水板进行遮拦，以防烧伤防水板。

(a)底板钢筋施工

图 4.3-4 现场钢筋施工

(b) 侧墙钢筋施工

图 4.3-4　现场钢筋施工(续)

4.3.4　模板施工

1. 边顶模板

边顶支撑体系采用 48.5 mm×3.5 mm 满堂脚手架，横、纵距 0.6 m，步距 0.9 m，纵横向剪刀撑间距 3 m 设置，脚手架端头套可调顶托，顶托上架设 100 mm×100 mm 双方木，间距 600 mm，方木上铺设 50 mm×100 mm 方木，间距 200 mm，顶部铺 18 mm 厚木模板。为确保隧道断面净空尺寸满足设计要求，隧道模板衬砌面在设计断面基础上外放 30 mm，顶拱模板跨中可按规范起拱。模板顶端中心根据浇筑段长布置 1～2 个冲天泵管孔，两侧开窗口作为下料及振捣口，顶部布置附着式振动器辅助振捣混凝土。窗口设置 2 排，尺寸为 300 mm×400 mm，开窗口高度为距纵向施工缝高 2 m 及 4 m 处，纵向长度 3 m，梅花形布置，支撑体系如图 4.3-5 和图 4.3-6 所示，现场搭设的满堂支架如图 4.3-7 所示。

2. 底板模板

底板模板采用 18 mm 厚木模板加工制作，背方采用 100 mm×100 mm 方木，背管采用 48.5 mm×3.5 mm 钢管，支撑采用 ϕ25 钢筋作支架，纵向间距 500 mm，支撑示意如图 4.3－8 所示。

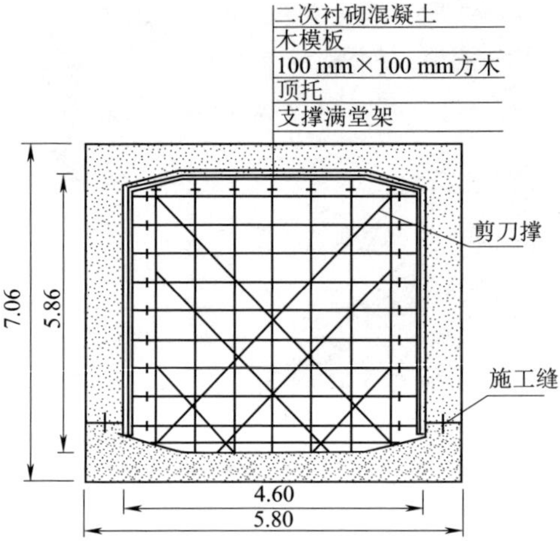

图 4.3－5　下穿段二次衬砌立模支撑排架横剖面图(单位:m)

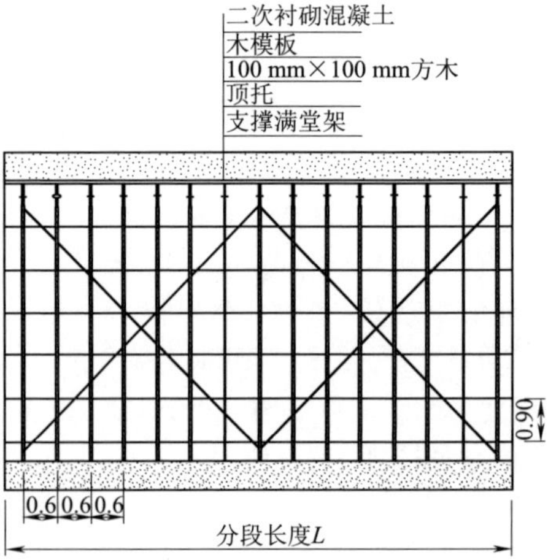

图 4.3－6　下穿段二次衬砌立模支撑排架纵剖面图(单位:m)

图 4.3－7　现场搭设的满堂脚手架

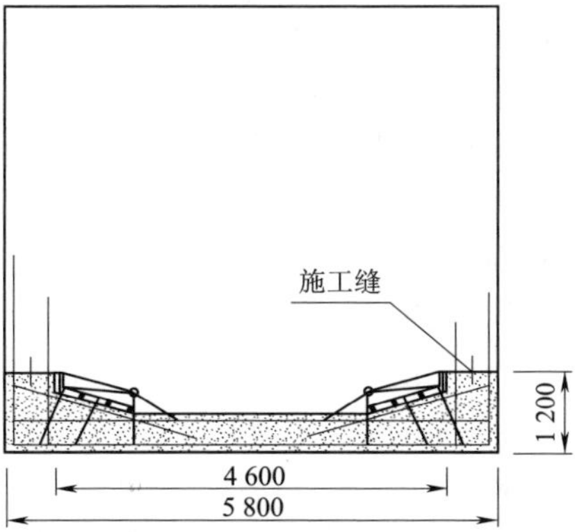

图 4.3－8　底板二次衬砌模板加固示意图(单位:mm)

4.3.5　混凝土施工

灌注边墙顶板混凝土时,应由下向上对称灌注,从已浇筑方向向未浇筑方向施工。水平分层,层厚不超过 40 cm,相邻两层浇筑时间不超过 1.5 h,确保上、下层混凝土在初凝前结合好,不形成施工冷缝。左、右侧浇筑交替进行,左、右侧混凝土高差不超过 1 m,垂直自由下落高度控制不超过 2 m,边浇筑边振捣,边墙部位混凝土利用两侧边墙预留窗口进行浇筑,由液压泵直接泵送入模。顶板先采取退出式浇筑，最后用压入式封顶。混凝土用附着式振捣器和插入式振捣器联合捣固，安排专人负责，保证混凝土内部密实，外部光滑。注意保护好预埋于混凝土内部的注浆管，防止其歪斜和倾倒，以确保二次衬砌后回填注浆能顺利进行。要配足备用捣固机具，防止因捣固机具发生故障，造成漏捣或捣固不实。混凝土灌注必须连续进行，因故不能连续灌注，间歇时间超过混凝土初凝时间时，必须按规定进行接茬处理。

(1)准备工作：在混凝土浇筑前，必须检查输送泵是否完好，拌和站运转情况是否正常，混凝土罐车是否到位，配合比、外加剂是否调整好。各种机具(捣固器等)是否准备好，是否能用。

(2)混凝土浇筑：混凝土浇筑前，先清洗边墙基础顶面，清除杂质，涂界面剂，仔细检查模板表面的平整度，整洁情况。

隧道衬砌混凝土为使衬砌混凝土抗渗等级不小于设计要求等级，达到内实外美，不渗、不漏、不裂和混凝土表面无湿渍的质量标准，施工过程采取以下主要技术措施进行控制：

(1)衬砌净空控制

在混凝土衬砌前，对模板架立位置进行测量放样。模板架立位置比设计位置净空大 3 cm，对模板结构尺寸和衬砌净空进行检查，对模板进行调整，加固。

(2)混凝土质量控制

精心试验钢材、水泥、粗细骨料、水、外加剂等原材料，经试验后精心选用符合设计强度标准的原材料进行配合比设计并不断优化。对隧道内渗水进行水质化验，明确其是否对混凝土有侵蚀性，以便在配合比设计时采取相应的措施，如原材料的选用等。施工中严格按配合比准确计量，严格按配合比拌制混凝土，必须采用自动计量搅拌站拌和，采用重量法计量，混凝土搅拌时间不能少于 3 min；混凝土拌和完成后必须在规定的时间内用完，否则将重新进行试验检验或报废。混凝土浇筑全部采用泵送混凝土入模。脱模时间必须经试验确保混凝土强度达到 8 MPa 以上后才能脱模，脱模后及时进行养护，养护时间不少于 14 d。

(3)顶板混凝土密实度和空洞解决措施

①分层分窗浇筑

泵送混凝土入仓自下而上,从已灌注段接头处向未灌注方向。充分利用各层窗口,分层对称浇筑混凝土,在出料管前端加接3～5 m同径软管,使管口向下,避免水平对混凝土面直泵。混凝土浇筑时的自由倾落高度不能超过2 m,当超过时,采用接长软管的方法解决混凝土落差过高的问题。

②采用封顶工艺

当混凝土浇筑面已接近顶板(以高于模板顶部为界限),进入封顶阶段,为了保证空气能够顺利排除,在预留注浆孔安装排气管(采用ϕ12.5 mm镀锌管),排气管一端尽可能靠防水板顶部。将排气管另一端固定在模板内,且固定牢固。随着浇筑继续进行,当发现有水(实为混凝土表层的离析水、稀浆)自排气管中流出时,即说明仓内已完全充满了混凝土,停止浇筑混凝土,疏通排气管和撤出泵送软管。

封顶混凝土时尽量从内向端模方向灌注,以排除空气。后期(混凝土强度达到设计70%以上)可利用排气管对顶板因混凝土收缩产生的空隙进行填实,回填灌浆压力控制在0.1～0.5 MPa。

③浇筑过程中派专人负责振捣,保证混凝土的密实,封顶前准确安装顶板排气管,确保封顶时不出现空洞,并在后期利用此管进行压浆,使衬砌背后充填密实。

(4)拆模和养护

混凝土拆模拱墙模板在混凝土强度达到2.5 MPa后方可拆模,拆模后进行洒水养护作业,养护期龄为14 d。浇筑成型后的区间隧道混凝土如图4.3-9所示,铺轨完成后的现场照片如图4.3-10所示。

(5)其他技术措施

①严格控制混凝土从拌和出料到入模的时间,当气温在20 ℃～30 ℃时不超过1 h,10 ℃～19 ℃时不超过1.5 h。

②拆模养护:每循环脱模后及时对模板进行养护,清刷模板,对变形和麻面处进行整修和打磨,涂脱模剂。当边、拱混凝土强度达到

2.5 MPa 时，方可拆模，拆模时间不可过早。拆模后及时进行洒水养护，养护时间不少于 14 d。

图 4.3-9　区间隧道混凝土浇筑完成

图 4.3-10　铺轨完成后的区间隧道现场照片

③衬砌厚度、密实度及外观检测方法

衬砌外观要目测平顺光滑，无蜂窝麻面。断面尺寸及中线、高程用钢尺配合全站仪、水平仪量测，内轮廓必须符合设计要求。衬砌厚度检查采用雷达检测。密实度检查采用混凝土回弹仪，其强度检查采用同期制作混凝土试件，做抗压强度试验。

4.3.6　回填注浆

1. 拱背空隙回填

隧道边顶二次衬砌施工时预埋回填注浆管，注浆管采用 DN42 钢管，间排距 2 m，梅花形布置，注浆管预埋如图 4.3-11 所示；注浆施工严格按照设计要求采用水泥浆回填，衬砌混凝土强度达到 70% 设计强度时，采用单液注浆泵，将 1∶1 水泥浆注入拱背，注浆终压控制在 0.2～0.5 MPa 间。

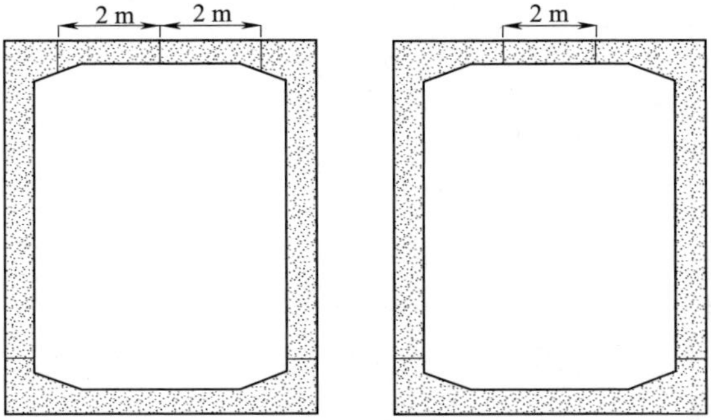

图 4.3-11　二次衬砌背后注浆管预埋示意图

2. 压浆材料

衬砌背后回填注浆采用水泥浆液（水泥净浆、水泥砂浆）。对材料要求如下：浆液的可灌性好，易于注入；浆液稳定性好，能在要求的时间内凝固或凝结，具有一定的强度，结石体抗渗性好；材料来源丰富，价格合理，储运方便，配制浆液工艺和注浆工艺简单易行；对材料操作人员无伤害，对环境无污染等。

3. 压浆参数

注浆顺序：由下游到上游、由低到高注浆。

浆液扩散范围：浆液扩散范围与浆液黏度、凝胶时间、注浆的压力、速度、注浆量有关，设计中常用类比参考值选用，施工中根据注浆效果适当增减。

回填注浆施工工艺如图 4.3-12 所示。

浆液胶凝时间：根据填充注浆目的，确定浆液胶凝时间不小于 3 h。

压浆结束标准：注浆压力符合设计终压，持续 10～20 min，吸浆量很少或不吸浆时可以结束钻检查孔；注浆到从相邻较高孔位处冒出浆液后可以结束；所有注浆孔无漏注现象。

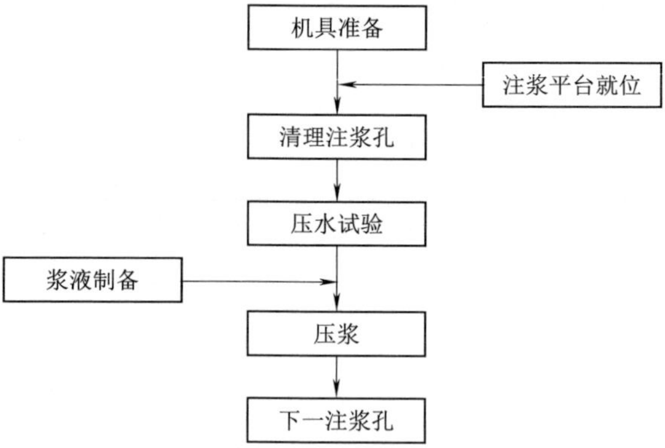

图 4.3-12　回填注浆施工工艺

4. 压浆

设备选型主要取决于注浆方式，它包括有注浆泵、浆液搅拌机和止浆塞、混合器等。注浆泵为注浆工作中的核心设备，一般应选用可调注浆量和压力，自身控制与记录，并具有外形尺寸小、重量轻、性能好的机械。

水泥浆应搅拌均匀，搅拌时间不应小于 3 min，并在注浆过程中不停搅拌；配制的水泥浆应在规定的时间内注完，应认真填写配浆记录。

浆液浓度、凝胶时间应符合设计要求，不得任意改变；应经常检查泵口及孔口注浆压力变化，如发现问题，应及时处理；应经常测试混合后浆液的胶凝时间，如发现与设计不符应及时调整；符合结束条件，方可停止注浆；应认真填写注浆记录。

5. 压浆效果检查

分析法：分析注浆记录，查看每个孔注浆压力，注浆量是否达到设计要求；注浆过程中漏浆、跑浆是否严重，以浆液注入量估算浆液扩散范围，分析是否与设计相符。

声波监测法：用声波探测仪测量岩体声速，判断注浆效果。压浆结束后，必须对注浆效果进行检查，如未达到要求，应进行补孔注浆。

4.3.7 施工质量保证体系

依据本项目的质量目标，建立在经理领导下的全面质量管理领导小组，设综合性的质量管理机构。

专业工种人员按照国家有关规定的要求进行培训考核，持证上岗。普通工人、临时工上岗前及转岗应对其进行岗前培训，考核合格后方可上岗，组织专业技术人员对操作者进行培训。建立健全岗位责任制，每项工作都由专人负责，严格保证工程质量。在单位工程的分部、分项、施工工序技术上严格把关，以达到工程质量创优目标。

7304-2标段项目部成立由项目经理任组长、总工程师和副经理任副组长、各职能部门负责人及作业队队长等为组员的质量管理领导小组，推动项目经理部全面质量管理工作的深入开展。

1. 防水施工质量保证措施

(1)防水板表面平顺无褶皱、无气泡、无破损等现象。

(2)当基面轮廓凹凸不平时要预留足够的松散系数使其留有余地保证缓冲面与混凝土表面密贴。

(3)防水板搭接用热焊器进行焊接，接缝为双焊缝，焊接温度、焊接速度根据试验确定。太快焊缝不牢固，太慢焊缝易焊穿、烤焦。

(4)焊缝若有漏焊、假焊应予补焊，若有烤焦、焊穿处以及外露的固定点，必须用塑料片焊接覆盖。

(5)所有防水材料必须采用合格厂家生产的定型产品，所有产品必须有出厂合格证和质量检验证明。

(6)焊接时，接缝处必须擦洗干净且焊缝接头应平整不得有气泡折皱及空隙。防水板之间的搭接缝应采用双焊缝、调温、调速热楔式功能的自动爬行式热合机热熔焊接。细部处理或修补采用手持焊枪。

(7)开始焊接前，应用小块塑料片上试焊，以掌握焊接温度和焊接速度。单条焊缝的有效焊接宽度不应小于15 mm。

(8)防水板纵向搭接与环向搭接处，除按正常施工外，应再覆盖一层同类材料的防水板材，用热焊焊接。在焊缝搭接的部位焊缝必须错开，不允许有三层以上的接缝重叠，如图 4.3－13 所示。焊缝搭接处必须用刀刮成缓角后拼接，使其不出现错台。

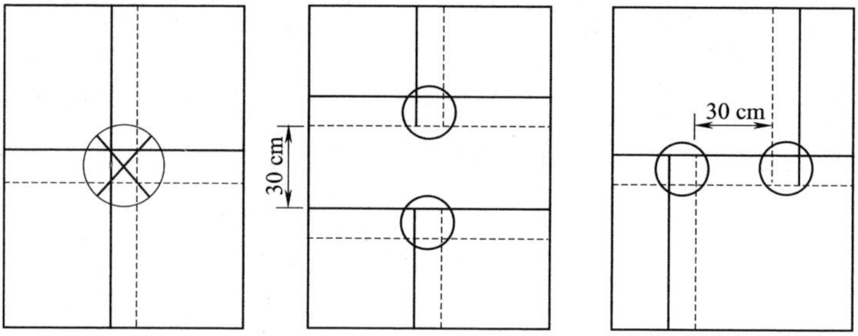

不允许　　　　允许　　　　允许

图 4.3－13　防水板搭接示意图

2. 钢筋加工质量保证措施

(1)钢筋电弧焊接头技术要求

①钢筋电弧焊接头类型应符合表 4.3－3 的规定。

表 4.3－3　钢筋电弧焊接头类型规定

序号	接头类型	接头间图	适用范围	
			钢筋类别	钢筋直径（mm）
1	双面焊缝帮条焊	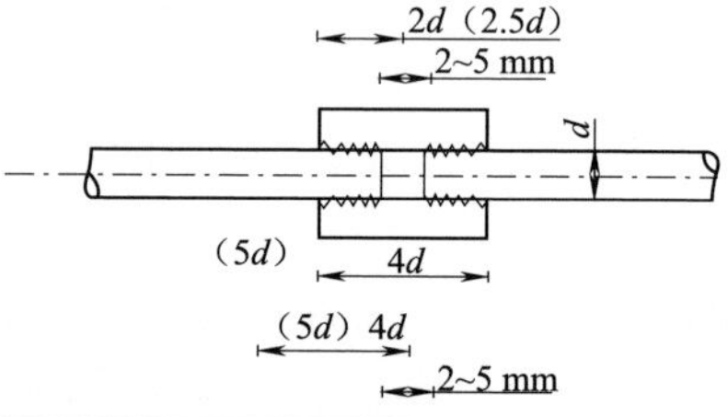	Ⅰ—Ⅲ级钢筋	10～40
2	单面焊缝帮条焊	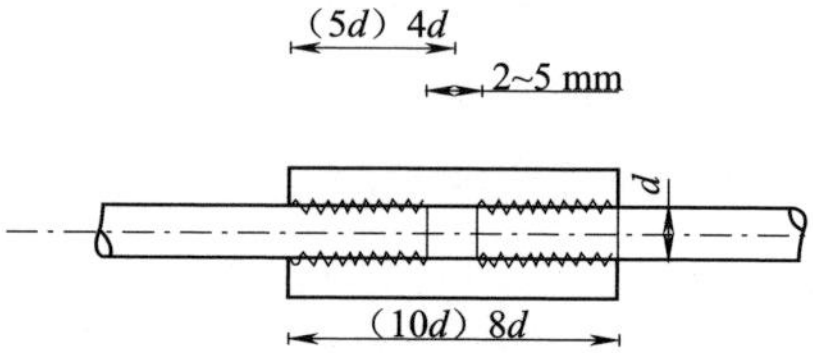	Ⅰ—Ⅱ级钢筋	10～40

续上表

序号	接头类型	接头间图	适用范围	
			钢筋类别	钢筋直径（mm）
3	双面焊缝搭接焊	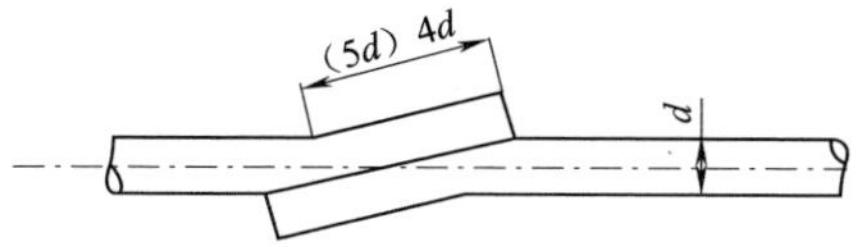	Ⅰ—Ⅱ级钢筋	10～40
4	单面焊接搭接焊	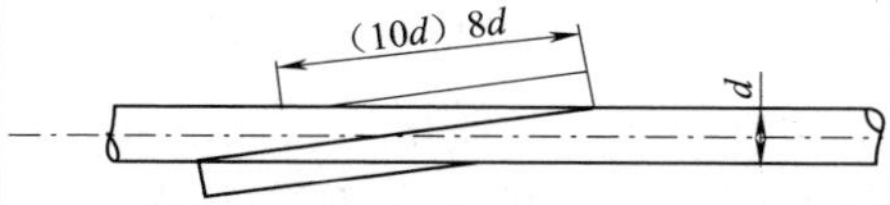	Ⅰ—Ⅱ级钢筋	10～40

注：在无条件进行序号 1、3 的双面焊缝电弧焊时，可采用 2、4 的单面焊电弧焊。

②钢筋电弧焊接头外观质量

搭接接头的长度、帮条的长度和焊接的总长度应符合表 4.3－4 的规定。

表 4.3－4　钢筋电弧焊接头外观质量规定

类别	项目		允许偏差
电弧焊接头	帮条焊接头钢筋轴线的纵向偏移		$0.5d$
	搭接焊接	弯折角	4°
		偏移	不大于 $0.1d$ 且不大于 3 mm
	焊缝高度		$+0.05d$～0
	焊缝宽度		$+0.1d$～0
	焊缝长度		$-0.5d$
	咬肉深度		不大于 $0.05d$ 且不大于 0.5 mm
	在 $2d$ 长的焊缝表面上焊缝的气孔及夹渣	数量	2 个
		面积	6 m^2

续上表

类别	项目		允许偏差
闪光对焊接头	接头处钢筋轴线	弯折角	4°
		偏移	不大于 0.1d 且不大于 2 mm
	接头表面裂纹		不允许

注：其中 d 为钢筋直径，单位为 mm。

a. 钢筋搭接接头的搭接部位应预弯，搭接钢筋的轴线应位于同一直线上。

b. 帮条电弧焊的帮条，宜采用与被焊钢筋同级别、同直径的钢筋；当采用同级别不同直径的钢筋作帮条，且被焊钢筋与帮条钢筋均为Ⅰ级钢筋时，两帮条钢筋的直径应大于等于被焊钢筋的 0.8d，当被焊钢筋与帮条钢筋为Ⅱ、Ⅲ级钢筋时，两帮条钢筋的直径应大于等于 0.9d。帮条和被焊钢筋的轴线应在同一平面上。

c. 焊接高度 h 应大于等于 0.3d，并不得小于 4 mm，焊接宽度 b 应大于等于 0.7d，并不得小于 8 mm。

d. 钢筋与钢板进行搭接焊时，搭接长度应大于等于钢筋直径的 3 倍（Ⅰ级钢筋）或 5 倍（Ⅱ级钢筋）。

e. 焊缝高度 h 应大于等于 0.35d，并不得小于 4 mm，焊接宽度 b 应大于等于 0.5d，并不得小于 6 mm。

（2）钢筋加工

①受拉热轧光圆和带肋钢筋的末端，当设计要求采用直角形弯钩时，直钩的弯曲直径 d_m 不得小于钢筋直径的 5 倍，钩端应留有不小于钢筋直径 3 倍的直线段。

②弯起钢筋应弯成平滑的曲线，其弯曲半径不得小于钢筋直径的 10 倍（光圆钢筋）或 12 倍（带肋钢筋）。

③用光圆钢筋制成的箍筋，其末端应作不小于 90°的弯钩，有抗震等特殊要求结构应大于受力钢筋直径，且不得小于箍筋直径的 2.5 倍；弯钩端直线段的长度，一般结构不得小于箍筋直

径的 5 倍，有抗震等特殊要求的结构，不得小于箍筋直径的 10 倍，如图 4.3－14 所示。

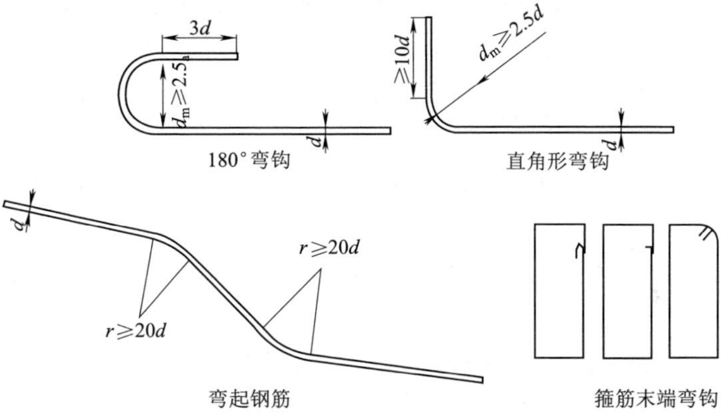

图 4.3－14　箍筋弯钩示意图

(3)钢筋安装

钢筋安装允许偏差和检验方法应符合表 4.3－5。

表 4.3－5　钢筋安装允许偏差和检验方法

序号	名称			允许偏差(mm)	检验方法
1	主筋间距(mm)			±10	尺量:每 20 m 检查 5 个点
2	两层钢筋间距(mm)			±5	尺量:每 20 m 检查 5 个点
3	箍筋间距(mm)			±20	尺量:每 20 m 检查 5 处
4	绑扎搭接长度	受拉	Ⅰ级钢筋	30d	尺量:每 20 m 检查 3 个接头
			Ⅱ级钢筋	35d	
		受压	Ⅰ级钢筋	20d	
			Ⅱ级钢筋	25d	
5	钢筋加工	钢筋长度(mm)		－10,＋5	尺量:每 20 m 检查 2 根

(4)钢筋接头设置

在承受应力较小处，应分散布置。配置在“同一截面”内受力钢筋接头的截面面积，占受力钢筋总截面面积的百分率，应符合设计要求。当设计未提出要求时，必须符合下列规定：

①焊(连)接接头在受弯构件的受拉区不得大于50%，轴心受拉构件不得大于25%。

②在构件的受拉区，绑扎接头不得大于25%，在构件的受压区不得大于50%。

③钢筋接头应避开钢筋弯曲处，距弯曲点的距离不得小于钢筋直径的10倍。

④在同一根钢筋上应少设接头。“同一截面”内，同一根钢筋上不得超过一个接头。

两焊(连)接接头在钢筋直径35倍范围且不小于500 mm以内、两绑扎接头在1.3倍搭接长度范围且不小于500 mm以内均视为“同一截面”。

(5)外观质量

钢筋外观应平直、无损伤，表面无裂纹、油污、颗粒状或片状锈蚀。钢筋保护层垫块的位置和数量必须符合设计要求，当设计无要求时，每平方米不得少于4个。

(6)钢筋规格

钢筋的级别、种类和直径应按设计要求采用，当需要代换时，应征得设计单位的同意，并应符合下列规定：

①不同各类钢筋的代换，应按钢筋受拉承载力设计值相等进行。

②当构件受抗裂、裂缝宽度或挠度控制时，钢筋代换后应进行抗裂、裂缝宽度或挠度验算。

③钢筋代换后，应满足混凝土设计规范中规定的钢筋间距，锚固长度，最小钢筋直径、根数等要求。

④对重要受力构件，不宜用Ⅰ级光面钢筋代换变形(带肋)钢筋。

(7)钢筋焊接

钢筋焊接前必须根据施工条件进行试焊，合格后方可施焊。焊工必须有焊工考试合格证，并在规定的时间内进行焊接操作。冷拉钢筋的闪光对焊或电弧焊，应要冷拉前进行，冷拔低碳钢丝的接头，不得焊接。

3. 混凝土质量保证措施

(1)混凝土的拌制

本标段混凝土全部采用商品混凝土，在混凝土公司集中拌制并使用混凝土罐车运至现场。

(2)混凝土的运输

①混凝土在运输过程中不应发生离析、漏浆、严重泌水及坍落度损失过多等现象。当运至浇筑点发生离析现象时，应在浇筑前进行二次搅拌，但严禁再次加水。

②用混凝土搅拌运输车运输混凝土时，应符合下列规定：

在运输已拌制好的混凝土时，宜以 2～4 r/min 的转速搅动，严禁高速旋转。卸料前应以常速再次搅拌；在运输中同时拌制混凝土时，从加水后算起，至全部卸出所经过的时间，不宜大于 90 min；车体内壁应平整光滑，不吸水，不漏水。每天使用完毕后应清洗黏附的混凝土。

(3)混凝土的浇筑

①在浇筑混凝土前，进行坍落度试验，试验频率为每车。试验合格后，确认基底无虚渣、积水及其他杂物(当有钢筋时还要检查钢筋情况)，并应采取防、排水措施。

②浇筑混凝土前以及浇筑过程中，应对模板、支架、钢筋骨架、预埋件等加以检查，发现问题及时处理。检查的主要内容包括下列各项：

模板的高程、位置及截面尺寸；模板、支架、支撑等结构的可靠程度；预埋件的安装位置和高程；钢筋的安装位置；脱模剂涂刷情况。

③混凝土浇筑时的自由倾落高度不得大于 2 m，当大于 2 m 时，应采用接软管等方式浇筑。

④浇筑混凝土应分层进行，其分层厚度（指捣实后的厚度）不宜大于振捣器作用部分长度的 1.25 倍，控制在 30 cm 左右。

(4)混凝土的振捣

①用插入式振捣器振捣混凝土时，应符合下列规定：

移动间距不宜大于振捣器作用半径的 1.5 倍；插入下层混凝土内的深度宜为 5～10 cm，以保证上下层结合良好；振捣器应尽可能垂直插入混凝土中。如条件困难，可略带倾斜，但与水平面夹角不宜小于 45°；振捣棒捣固时应快插、慢拔，在每一孔位的振捣时间，以混凝土不再显著下沉、水分和气泡不再逸出并开始泛浆为准，一般为 10～30 s；振捣时不得碰撞模板、钢筋和预埋管件，距模板的垂直距离，不应小于振捣器有效半径的 1/2；混凝土必须振捣密实，无漏振及过振现象。

②在混凝土浇筑振捣过程中，要有专人负责，防止跑模和漏浆现象发生。

③混凝土浇筑应尽量连续进行。

④混凝土运输、浇筑及间歇的全部用时不应超过混凝土的初凝时间。底层混凝土初凝后浇筑上一层混凝土时，应按施工缝处理。

当允许间歇时间已超过时，应按浇筑中断处理，同时应留置施工缝。施工缝处应埋入适量的片石、钢筋或型钢，并使其体积露出前层混凝土外一半左右。

⑤在混凝土施工缝处继续浇筑新混凝土时，应符合下列规定：

前层混凝土的强度不得小于 1.2 MPa；施工缝处的水泥砂浆薄膜、松动石子或松弱混凝土层应凿除，并应用水冲净、湿润，使其表面形成一个新鲜清洁有一定石子外露起伏不平的麻面；新混凝土浇筑前，宜在横向施工缝处先铺一层厚约 15 mm 并与混凝土灰砂比相同而水灰比略小的水泥砂浆（竖向施工缝处可刷一层水灰比为 0.3 左右的薄水泥浆），或铺一层厚约 30 cm 的混凝土，其粗骨料宜比新浇筑混凝土减少 10％，然后再继续浇筑新层混凝土；施工缝处的新层混凝土应振捣密实。

二次衬砌时在顶板部位每组衬砌预留不少于两个注浆孔，二次衬砌混凝土达到100%强度后对初期支护与二次衬砌间空隙进行回填注浆，保证初期支护与二次衬砌密贴。

(5)混凝土养护

①混凝土浇筑后，12 h内即应覆盖和洒水。操作时，不得使混凝土受到污染和损伤。

②当工地昼夜气温连续3 d低于5 ℃或最低气温低于−3 ℃时，采取冬期施工措施；当工地昼夜平均气温高于30 ℃时，应采取夏期施工措施。

③混凝土养护时间不宜少于14 d，洒水次数应以混凝土表面保持湿润状态为度。

④养护用水与拌制用水相同。

(6)拆模

①混凝土拆模时的强度应符合设计要求。确保二次衬砌混凝土表面及棱角不因拆模而受损。

②拆除模板时，不得影响混凝土的养护工作。

4.4　临时支撑拆除技术

4.4.1　临时支撑拆除前提条件及施工前准备

1. 临时支护拆除前提条件

(1)隧道初期支护钢架封闭成环，初期支护背后补强注浆施工完毕并达到龄期要求。

(2)隧道沉降、收敛变形趋于稳定。

(3)隧道初期支护验收通过，具备二次衬砌施工条件。

2. 临时支护拆除施工时机

(1)待隧道初期支护成环后，监测单位按5 m间距设置监测断面，每个监测断面布置6个监测点，顶拱2个、两侧边墙各2个。采集初始值，用于监测隧道初期支护成环后隧道沉降、收敛变形情况，以指导临时支护拆除施工。初期支护验收后，拆除临时支护过程中施工监测单位每天将监测数据上报到指挥中心发布。监测点布置如图 4.4－1 所示。

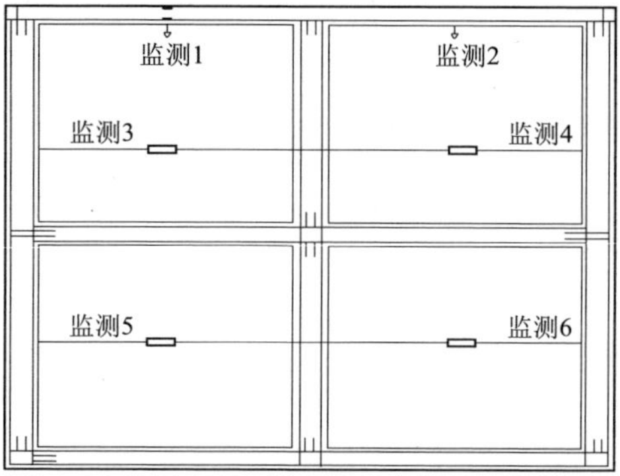

图 4.4－1　监测点布置示意图

(2)临时支护拆除前，需对隧道集水进行截排，将洞内集水抽排至洞外，并在洞口修筑截排水设施，避免外部水漫流至隧道内。

(3)安全管控参数

安全管控参数列于表 4.4－1 中。

表 4.4－1　安全管控参数

管控阶段	中隔壁拆除过程中位移量(mm)	中隔壁拆除后位移量(mm)
安全	2	4
注意	4	8
危险	8	16

(4)初期支护背后补强注浆

下穿段隧道开挖初期支护贯通后，在临时支撑拆除前需对隧道进行全断面补强注浆加固。采用手风钻造孔，孔径 42 mm，孔深 1.5 m(顶板 0.4 m 至 4 号线福民站底即可)，注浆孔间排距 2 m，梅花形布置，如图 4.4－2 所示。顶拱注单液浆，边墙及底板注双液浆，注浆压力不大于 0.5 MPa。

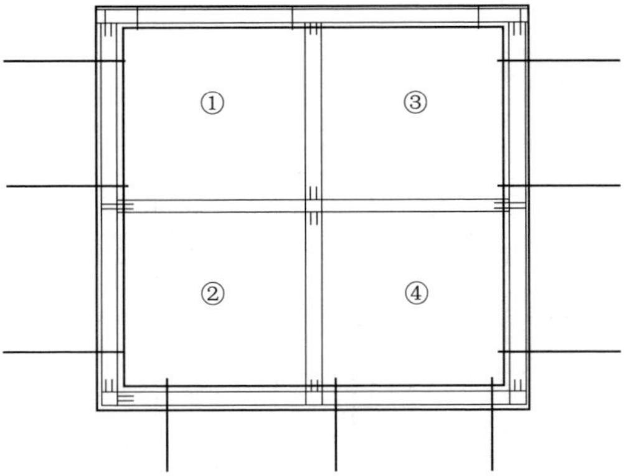

图 4.4－2　初期支护背后全断面补强注浆孔示意图

4.4.2　临时支撑拆除方法

隧道临时支护按照二次衬砌施工顺序拆除，拆除中隔壁需搭设脚手架，从顶部至底部分段人工风镐拆除。首次拆除前，由监测单位对拆除部位进行监测初始值采集，先破除喷射混凝土，将 1.5 m 范围内中隔壁顶部割除 2 cm 缺口。对该段隧道进行顶拱沉降监测，如隧道顶拱无明显沉降变形，可将该段中隔壁由上至下间隔(隔一拆一)拆除中间立柱 H25b 型钢。如发现隧道顶板变形过大，及时将割除部位钢架接长焊接牢固，再采取初期支护背后补强注浆，等注浆达到强度且监测数据速率可控后再进行拆除。中隔壁每段拆除长度按浇筑段长＋0.5 m 长度进行控制，中间隔墙型钢钢架采用隔一根拆除一根的方式处理，如图 4.4－3所示。

隧道二次衬砌混凝土应紧跟临时中隔壁拆除施工，拆除后及时浇灌混凝土，避免因二次衬砌滞后导致隧道沉降过大。中隔壁拆除应根据现场施工资源配置情况，间隔从上至下拆除。临时支撑分段拆除，拆除顺序为：Y(Z)×C1→Y(Z)×C2→Y(Z)×C3→Y(Z)×C4→Y(Z)×C5。支撑拆除长度大于二次衬砌分段长度0.5 m，如图 4.4-4和图 4.4-5所示。

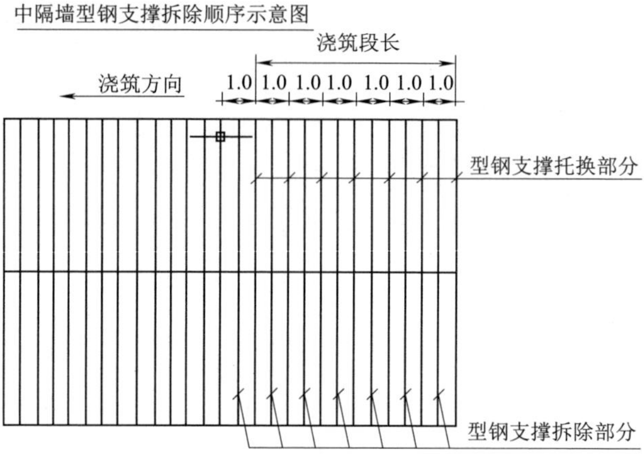

图 4.4-3　临时支撑拆除顺序示意图(单位：m)

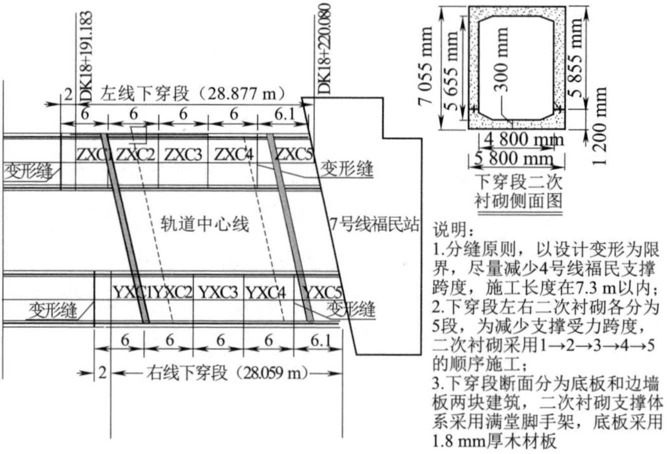

图 4.4-4　临时支撑顺序拆除示意图(单位：m)

图 4.4-5　临时支撑拆除现场施工图

4.4.3　拆除施工安全措施

(1)脚手架搭设应稳定、牢固,满足脚手架搭设相关规范要求。施工层及临边必须设兜,确保作业安全。

(2)架子上不准有任何活动材料,如扣件、活动钢管、钢筋,一旦发现应及时清除。避免高空坠物损伤人员、设备。

(3)脚手架搭设人员必须是经过按现行国家标准《特种作业人员安全技术考核管理规则》(GB 5036—1985)考核合格的专业架子工,必须持有特种工上岗证、劳动合同、人身保险,并且年满 18 岁,两眼视力均不低于 1.0,无色盲,无听觉障碍,无高血压、心脏病、癫痫、眩晕和突发性昏厥等疾病,无妨害登高架设作业的其他疾病和生理缺陷。

(4)责任心强,工作认真负责,熟悉本作业的安全技术操作规程。严禁酒后作业和作业中玩笑嬉闹。

(5)明确使用个人防护用品和采取安全防护措施。进入施工现场,必须戴好安全帽,在无可靠防护 2 m 以上处作业必须系好安全带,使用工具要放在工具套内。安全带应高挂低用(架子工除外),注意防止摆动碰撞,不准将绳打结使用,也不准将钩直接挂在安全绳上使用,应挂在连接环上用,要选择在牢固构件上悬挂。

(6)操作工必须经过培训教育,考试、体检合格,持证上岗,任何人不得安排未经培训的无证人员上岗作业。作业人员应定期进行体检(每年体检一次)。

(7)中立柱拆除时应设置安全警戒,由专职安全人员负责现场指挥,拆除施工作业范围内,严禁人员出入、逗留,无关人员不得进入施工现场。

4.5 下穿对运营车站的保护

1. 针对 4 号线福民站的现状调查

在施工前,对 4 号线福民站上下行站台范围进行检查,对线路状态不满足"综合维修"标准的地段,应进行维修,以达到相应标准。

参与现状调查的单位为深圳地铁集团 7 号线分公司、西安铁一院监理、中国电建南方公司、中水十四局深圳地铁 7304-2 标项目部、第三方检测单位深圳市政院,现状调查内容主要包含:①轨道水平;②轨道轨距;③隧道裂缝;④隧道渗漏水;⑤隧道纵断面。

调查完毕后,由第三方检测机构出具纸质盖章版调查报告予港铁轨道交通(深圳)有限公司。

在 7 号线隧道开始施工直至地铁结构变形稳定期间,根据变形情况,及时对轨道结构进行调整,使线路状态始终满足"综合维修"标准的要求。

7 号线施工一般不会引起较大道床开裂、道床与结构间的剥离。如施工过程中,道床开裂和道床结构的剥离超过 3 mm,应及时整治,对 0.3 mm 以上裂缝,进行修补。结合类似经验,道床裂缝采用磨细超流态 CGM 灌浆料填充,浆料粒径不大于 0.3 mm,采用无压灌注法,灌浆材料 2 h 必须达到 C15 强度等级,并在通车前 2 h 内施工完毕。灌注部位及工程量现场确定,检验措施可采用试块和取芯相结合的办法。

2. 减少底板沉降的保护措施

(1)超前注浆加固时,可适当加大注浆压力和注浆量,以主动控制其沉降。

(2)掌子面采用超前小导管注浆,以主动控制其沉降。

(3)采用 CRD 四步法施工,开挖各导洞时采用预留核心土的方法,并在上导洞每榀格栅两侧拱脚节点处打设两根 D42 长 2.5 m 的锁脚锚管,主动控制其沉降;这个施工方法与同等施工方法相比,沉降量一般,工期短,这样可以较快地完成初期支护,及时封闭,减少不均匀沉降量。

(4)临时支撑中隔壁板每段拆除的长度不大于 8 m。

(5)初期支护封闭成环后,需及时进行拱部及侧墙背后的回填注浆,以减少其沉降。

(6)区间下穿运营 4 号线车站时要连续施工,无特殊突发情况,不得中断施工。

(7)隧道开挖时,开挖尺寸为 1 榀格栅钢架间距,严禁多榀开挖,防止沉降。

3. 运营单位的配合

为保证下穿运营 4 号线福民站的顺利和安全,项目部安排专人与运营单位对接,结合地铁的运营情况,对运营线路进行日常监测,对数据进行分析,保证运营线的正常运行。

4 号线福民站自动化监测时段暂定延续到 7 号线试运行阶段,后期监测频率可根据变形情况适当调整;在深圳地铁 7 号线建设期内,下穿 4 号线福民站段隧道二次衬砌结构施工完成后,因 7 号线隧道引起的 4 号线车站结构变形,由深圳地铁 7304-2 标施工单位负责从 7 号线隧道内注浆加固恢复。

4.6 小　结

1. 全断面深孔注浆技术

(1)全断面注浆参数优化主要对注浆孔间排距、孔深进行调整,根据右线第一环现场注浆情况,全断面注浆孔间排距调整在 60 cm,注浆孔深度 9 m,根据检查孔情况对渗水量大区域补孔加强注浆,可确保土体加固效果。

(2)为防止运营4号线福民站车站结构隆起,注浆压力尽量控制在0.8 MPa以内。

(3)当注入率小于30 L/min时,采用水灰比为1∶1的纯水泥浆液灌注,当注入率大于30 L/min时,采用双液浆灌注。水泥浆的水灰比可采用(0.8∶1)~(1.5∶1);水玻璃浓度为25°Bé~40°Bé,水泥浆与水玻璃的体积比宜为(1∶1)~(1∶0.3)。

(4)注浆压力达到设计压力,持续灌注10 min,观察储浆桶中浆液并无明显下降或进浆速度为初始进浆速度的1/4时,即可结束该孔注浆。

2.零距离下穿运营车站施工技术

(1)形成了整体下穿隧道开挖施工工艺流程,包括地连墙拆除,全断面注浆加固及下穿段开挖初期支护。开挖支护加固过程中,支撑钢架安装应及时进行并保证与运营车站结构底板密贴牢固,及时有效的支护是控制变形的关键;回填及补偿注浆可以在施工过程中对变形影响进行一定程度的调节,是控制变形的有效手段,保证了地下车站工程质量。

(2)形成下穿隧道二次衬砌施工技术体系,包括防水、钢筋、模版、混凝土施工及回填注浆,并建立质量保证体系,保证新建隧道工程质量。

(3)形成了下穿段隧道临时支撑拆除施工技术,在隧道沉降、收敛变形趋于稳定时进行临时支撑拆除,确定临时支撑拆除时机,以确保新建隧道工程质量及严格保证运营营运车站变形在控制指标之内。

第5章　零距离下穿对运营车站结构的影响分析

5.1　数值计算原理和方法

5.1.1　本构模型及单元选择

1. 围岩本构模型

本场地广泛分布有软弱土，呈流塑～软塑状态，其天然含水率大、压缩性高、承载能力低。

软土主要由细粒土组成，其主要种类有淤泥、淤泥质土、冲填土、杂填土和饱和含水的黏性土等。就软土工程性质而言，具有天然含水率高、低强度、高压缩性、低渗透性等特点，物理状态呈软塑～流塑等特点，这些特点决定了软土沉降是一个复杂的过程。软土地基的承载力较低，受荷载后变形很大，在建设中如有疏忽，必然导致建筑物的开裂甚至失稳和损坏。

土的应力应变关系十分复杂，除了时间外，还有温度、湿度等影响因素。其中时间是一个主要影响因素。与时间有关的土的本构关系主要是指反映土流变性的理论。

在ABAQUS程序中，采用Mohr—Coulomb本构模型进行模拟，在数值分析时考虑软土的固结与流变特性，能反映真实的软土状况；对于主要的围护结构，采用线弹性模型来模拟，特殊部位可采用弹塑性模型来模拟。

Mohr—Coulomb模型通常用于描述土体和岩石的剪切破坏。模型的破坏包络线和Mohr—Coulomb强度准则（切屈服函数）以及拉破坏准则（拉屈服函数）相对应。Mohr—Coulomb塑性模型主要适用于在单调荷载下颗粒状材料，在岩土工程中应用非常广泛。

以应力不变量形式表示的剪切型Mohr—Coulomb屈服准则可

以表示为

$$F = \sigma_m \sin\varphi + \sigma K(\theta) - c\cos\varphi \tag{5.1-1}$$

式中，c、φ 分别表示为黏聚力和内摩擦角；$\sigma_m = I_1/3$ 为平均应力；$\sigma = \sqrt{J_2}$ 为等效应力；I_1 、J_2 分别为应力第一不变量和应力偏量第二不变量；θ 为 Lode 角；$K(\theta) = \cos\theta - \frac{1}{\sqrt{3}}\sin\varphi\cos\theta$ 。

以应力不变量表示的拉伸型 Mohr—Coulomb 屈服准则为

$$F = \frac{2}{\sqrt{3}}\sigma\sin(\theta + 120^{\circ}) + \sigma_m - f_t = 0 \tag{5.2-1}$$

式中，f_t 为岩土介质的抗拉强度。

在 π 平面拉伸型 Mohr—Coulomb 屈服准则是一个等边三角形，在主应力空间屈服面由 3 个分别垂直于主应力轴的平面组成；在 π 平面剪切型 Mohr—Coulomb 屈服准则是一个不等角的六边形，在主应力空间为一个棱锥面，中心轴线与等倾线重合。在子午面上，复合 Mohr—Coulomb 屈服准则的轨迹如图 5.1－1 所示。采用双曲线方程对拉伸型 Mohr—Coulomb 屈服准则和剪切型 Mohr—Coulomb 屈服准则进行拟合，如图 5.1－2 所示，通过调整参数 m 的大小来反映岩土介质的抗张强度的大小，取值范围为 $0 \leqslant m \leqslant 1$。当 $m = 0$ 时，复合屈服准则退化为剪切型 Mohr—Coulomb 屈服准则；当 $m = 1$ 时，岩土介质的抗张强度为 0。同时，参数 m 可以修正屈服面上的尖顶，使尖角变的光滑，避免了数值计算的发散和收敛的缓慢。

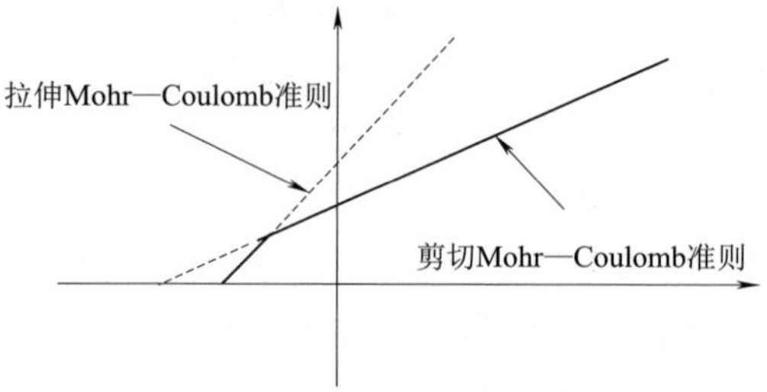

图 5.1－1　子午面上的复合准则

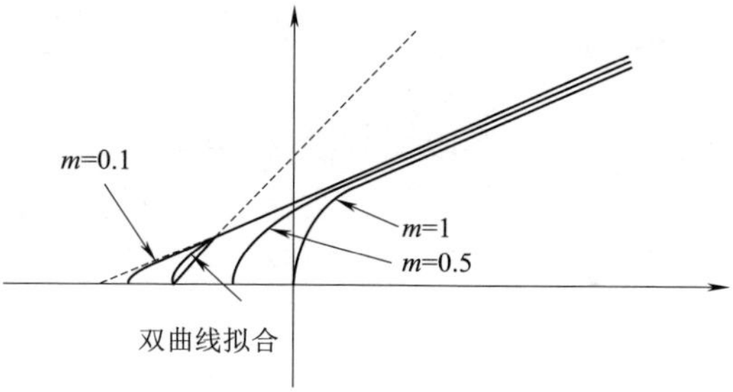

图 5.1－2　修正 Mohr—Coulomb 准则

由于 Mohr—Coulomb 屈服面存在 6 个棱角这些奇异点，使数值计算变繁和收敛缓慢。为了尽量逼近和接近屈服面，采取分段函数的形式进行描述 $K(\theta)$ ，使得改进后的屈服面尽量接近Mohr—Coulomb 屈服面，并且在棱角处得到光滑连续的处理，处理后的屈服面在 π 平面，如图 5.1－3 所示。

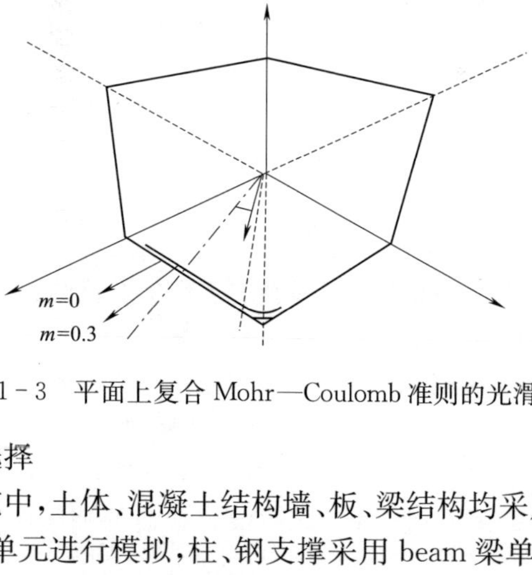

图 5.1－3　平面上复合 Mohr—Coulomb 准则的光滑处理

2. 单元选择

本次研究中，土体、混凝土结构墙、板、梁结构均采用 C3D8R(减缩积分)实体单元进行模拟，柱、钢支撑采用 beam 梁单元进行模拟，锚杆采用 truss 杆单元进行模拟，beam 单元与实体单元间采用 tie 接触方法建立连接关系。

5.1.2 施工过程模拟

本报告采用大型通用有限元软件 ABAQUS 作为计算工具，应用生死单元法来模拟双线隧道下穿运营车站段的开挖掘进过程；土体采用 Mohr—Coulomb 本构模型进行模拟。

隧道开挖过程模拟如下：

(1)利用主体结构、土体的单元网格划分，首先施加土体自重及边界约束，移除支撑结构及挖去土体单元，得到开挖前的初始应力。

(2)根据有限元方法的原理，建造与开挖过程的模拟用生成和杀死相应的单元来模拟，杀死土体单元，生成梁、板、柱等支撑结构单元。

CRD 施工过程涉及一次支护、二次支护、临时支撑的施作与拆除、土体注浆加固及开挖等一系列复杂的过程，施工过程中模型状态及材料力学参数的变化较为复杂。拟采用有限单元法的生死单元技术模拟施工中的土体开挖、临时支护拆除及永久支护施作过程，采用场变量技术更新注浆区材料的物理力学参数以真实模拟同步注浆、二次注浆对土体力学参数的改进效果。数值仿真中，结合工程施工的实际施工工序，分部开挖土体，适时施作支护和衬砌结构等。通过以上方法，真实地模拟下穿运营车站的施工开挖过程，分析下穿段施工过程对运营福民站的影响。

为了真实模拟边掘进边衬砌的施工方案及结构和土体相互作用，在有限元模拟中采用了生死单元法来模拟下穿运营车站的动态开挖过程，其原理如下：

计算程序并不是将“杀死”的单元从模型中删除，而是将其刚度矩阵乘以一个很小的因子(1.0×10^{-6})，死单元的单元载荷将为 0，从而不对载荷向量生效(但仍然在单元载荷的列表中出现)。同样，死单元的质量、阻尼、比热和其他类似效果也设为 0 值。死单元的质量和能量将不包括在模型求解结果中。单元的应变在“杀死”的同时也将设为 0。如果单元“出生”，并不是将其加到模型中，而是重新激活它们。当一个单元被重新激活时，其刚度、质量、单元载荷等将恢复其原始的数值。重新激活的单元没有应变记录。

详细研究工程区地质资料和现有施工方案，基于 CAD—CAE 集成技术，采用精细化建模方法，建立能够反映工程主要结构特征和地质特征的有限元数值模型，对涉及的荷载如地下列车荷载、水土压力等进行合理的简化和模拟，模型能较准确地模拟地质条件、开挖分段分区及主要支护结构，通过施加合理的约束以反映实际的边界条件。

5.2　数值模型建立

5.2.1　计算参数

本工程涉及的混凝土力学参数见表 5.2－1，地下连续墙、内墙、混凝土梁板结构、灌浆、衬砌等混凝土结构分别采用了线弹性和非线性本构模型进行对比计算，计算结果中给出了混凝土非线性本构下的应力状态。

表 5.2－1　混凝土力学参数

序号	项　　目	C20 混凝土	C25 混凝土	C30 混凝土	C35 混凝土	C45 混凝土
1	重度 γ(kN/m^3)	25.00	25.00	25.00	25.00	25.00
2	弹性模量 E (GPa)	25.50	28.00	30.00	31.50	33.50
3	泊松比 ν	0.167	0.167	0.167	0.167	0.167
4	轴心抗压强度标准值 f_{ck}(MPa)	13.50	16.50	20.00	23.50	29.50
5	轴心抗拉强度标准值 f_{tk}(MPa)	1.550	1.800	2.000	2.200	2.500
6	轴心抗压设计值 f_c(MPa)	9.50	12.00	15.00	16.50	21.50
7	轴心抗拉设计值 f_t(MPa)	1.100	1.250	1.450	1.550	1.800

注：按照《混凝土结构设计规范》(GB 50010—2011)取值。

本次计算土体采用 Mohr—Coulomb 本构模型，根据地质资料，本次计算将不同地层的土体概化后分为六层;本工程区场地地下水按赋存条件主要分为松散岩类孔隙水及基岩裂隙水。土层示意如图 5.2-1所示。

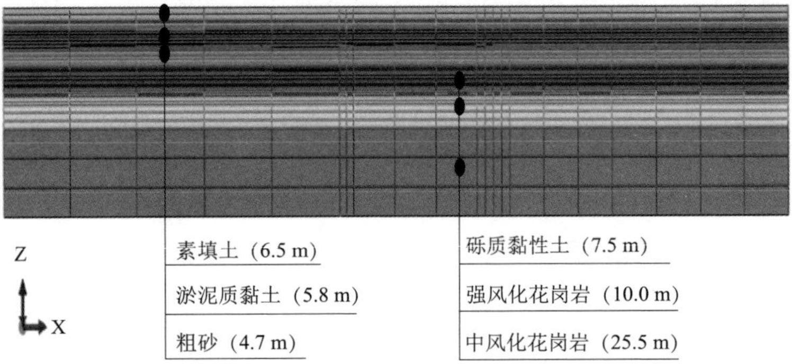

图 5.2-1　皇岗村站至福民站区间土层示意

地下水位埋深 1.80～4.20 m,水位高程 1.10～3.36 m。施工阶段,黏性土中可采用水土合算,砂性土中采用水土分算的办法。使用阶段,无论砂性土或黏性土都应根据正常的地下水位按照全水头进行水土分算。地基参数见表 5.2-2。

表 5.2-2　地基岩土体参数

项　　目	密度 (kg/m³)	压缩模量 (MPa)	泊松比 ν	黏聚力 c(kPa)	内摩擦角 φ(°)	渗透系数 (m/d)	承载力特征值 f_{ak}(kPa)
素填土	1 970	3.11	0.25	10	12	0.3	90
淤泥质黏土	1 940	1.84	0.35	27.5	6.5	0.001	80
粗砂	2 010	15.0	0.25	3	40	30	210
砾质黏土	1 710	3.50	0.25	22.5	19	0.2	220
强风化花岗岩	1 910	13.0	0.25	30	28	1.5	500
中风化花岗岩	2 560	50.0	0.20	200	40	2.0	1 500

5.2.2　计算模型及仿真过程

1. 计算模型

根据深圳地铁 7 号线设计图纸建立数值仿真计算模型，对地铁区间隧道零距离下穿矿山法施工对运营车站结构的影响进行数值模拟分析，数值仿真模型如图 5.2－2 和图 5.2－3 所示。

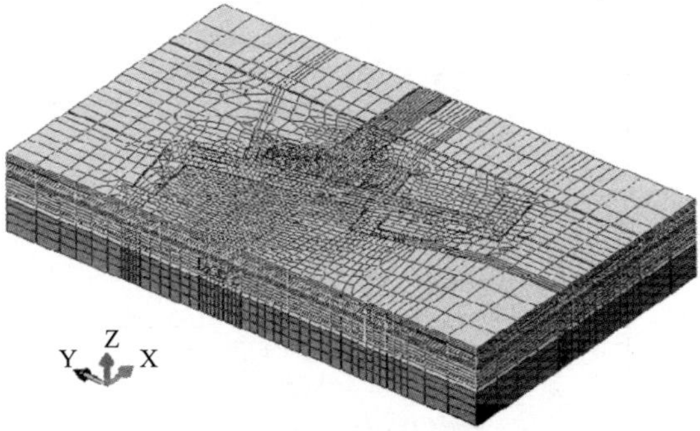

图 5.2－2　三维数值仿真整体模型

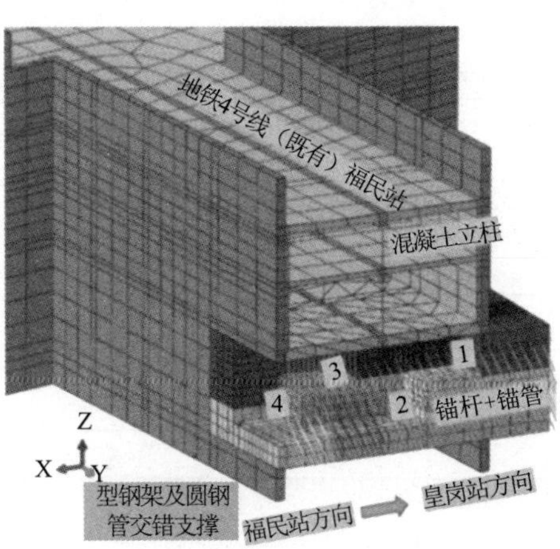

图 5.2－3　三维数值仿真双线隧道与运营车站位置关系

2. CRD 法三维仿真过程

皇岗村站至福民站区间零距离下穿运营 4 号线福民站区段隧道施工采用 CRD 方法，具体施工过程如图 5.2－4 及三维数值仿真过程如图 5.2－5～图 5.2－16 所示。

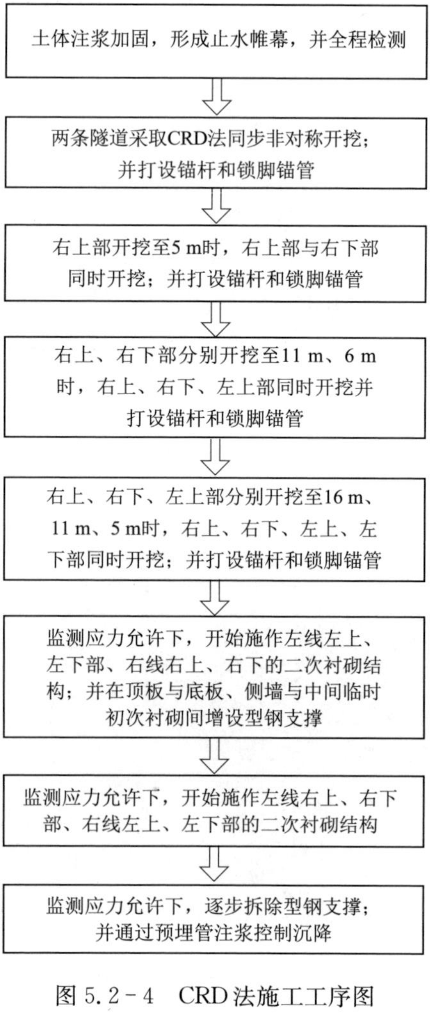

图 5.2－4　CRD 法施工工序图

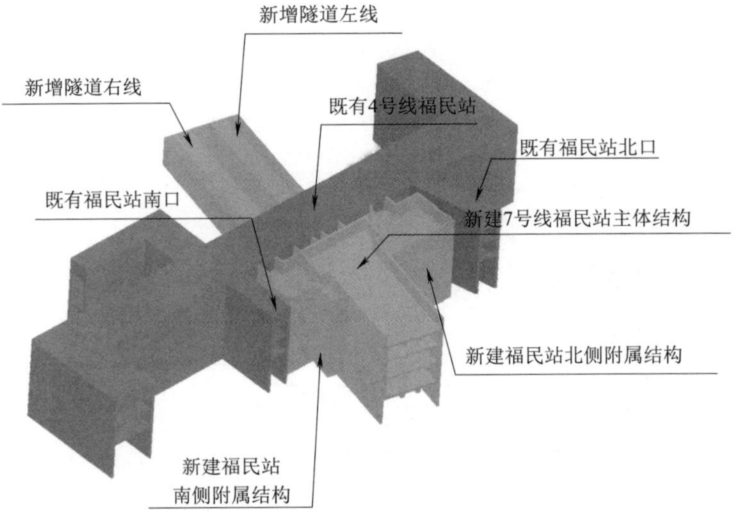

图 5.2-5　三维数值仿真模型

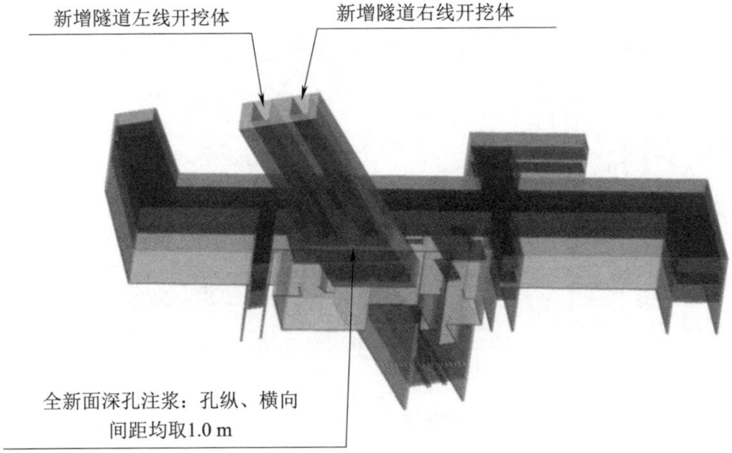

图 5.2-6　全断面深孔注浆

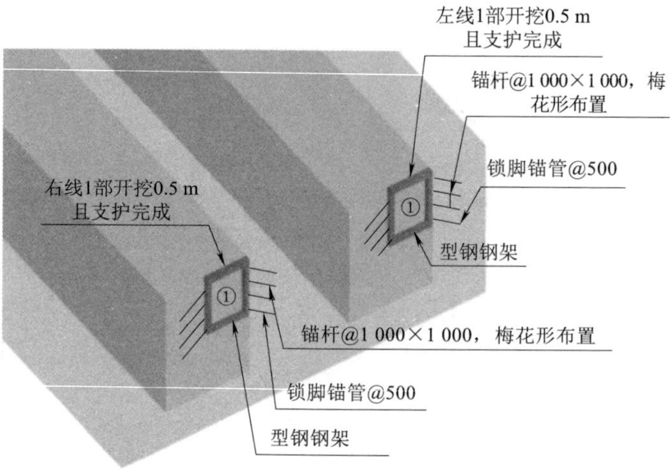

图 5.2－7　右上断面开挖支护 0.5 m

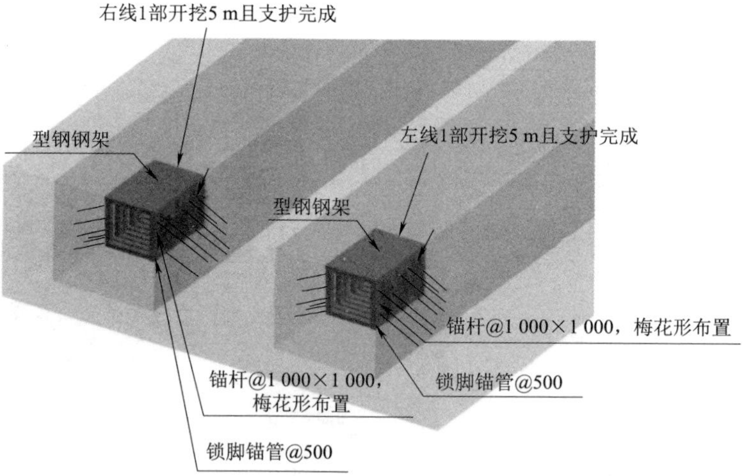

图 5.2－8　右上断面开挖支护 5 m

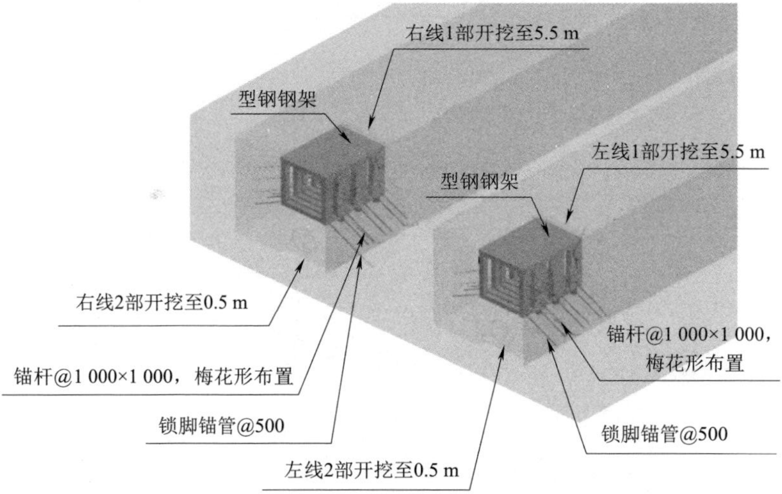

图 5.2-9　右上断面开挖支护 5.5 m

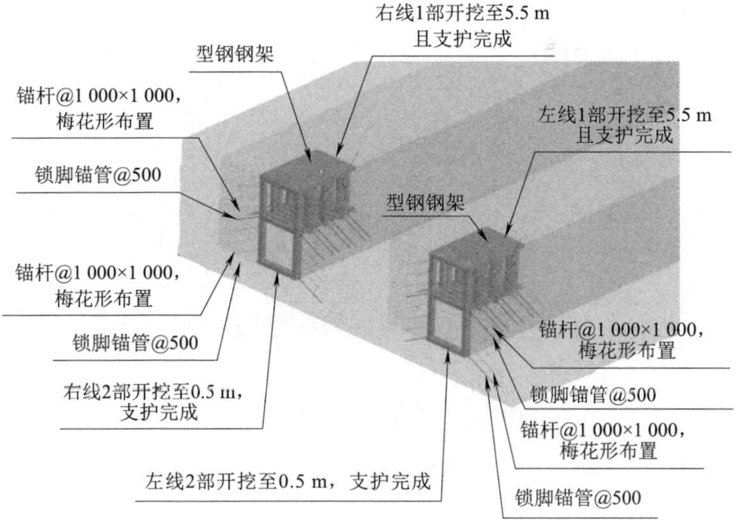

图 5.2-10　右下断面开挖支护 0.5 m

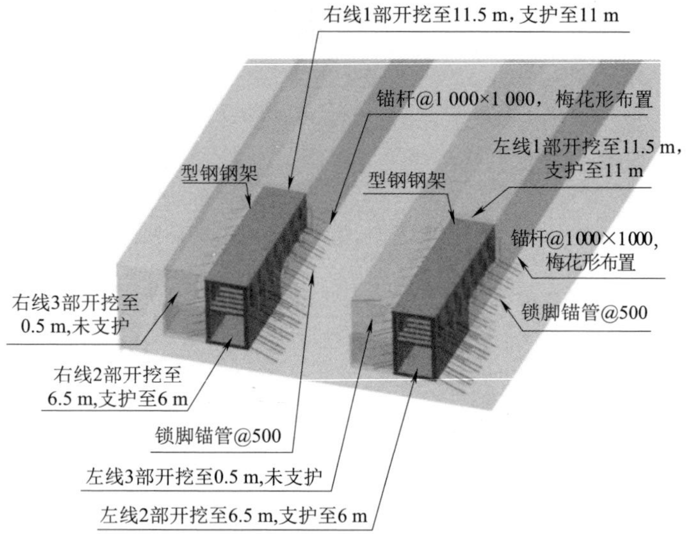

图 5.2－11　右上断面开挖支护 11.5 m、右下开挖支护 6.5 m

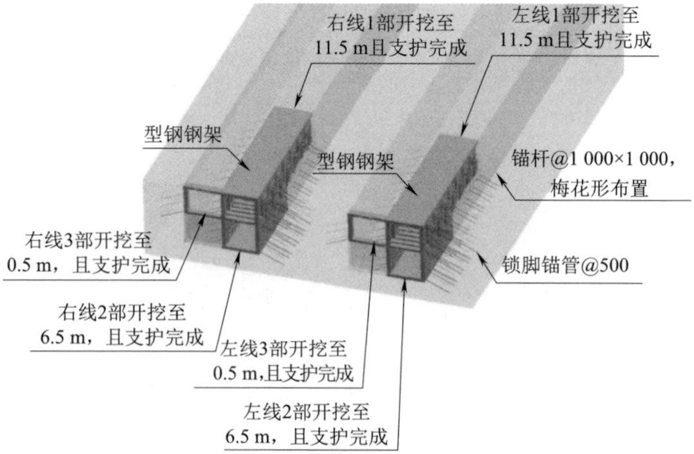

图 5.2－12　左上断面开挖支护 0.5 m

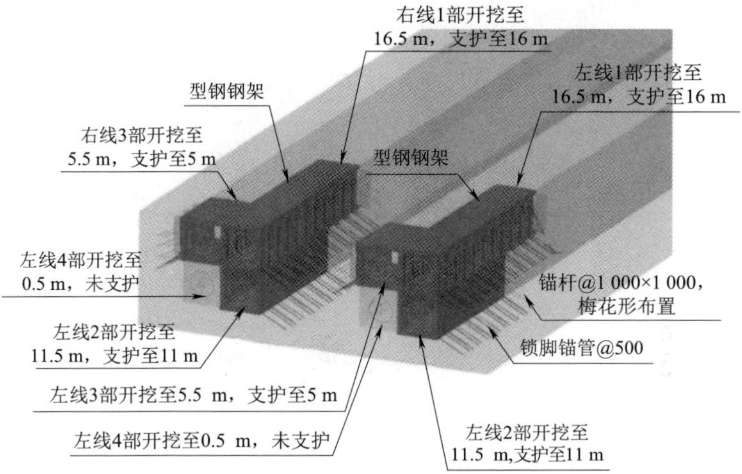

图 5.2-13　开挖支护左上 5.5 m、右下 11.5 m、右上 16.5 m

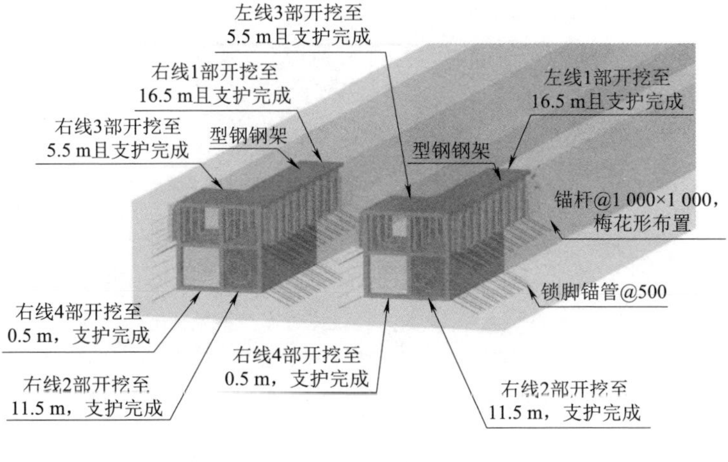

图 5.2-14　开挖支护左下 0.5 m、左上 5.5 m、右下 11.5 m、右上 16.5 m

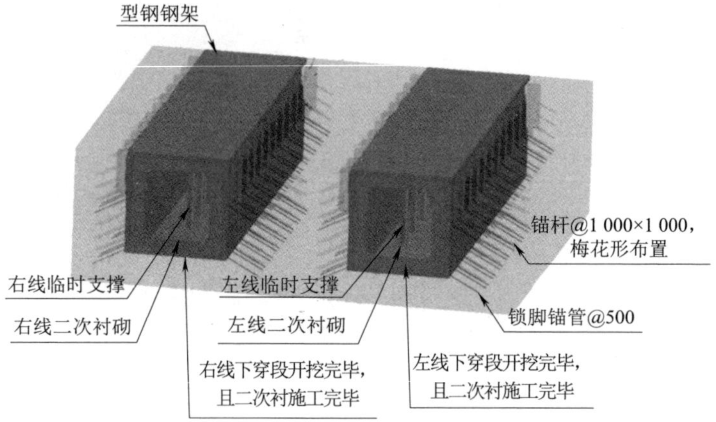

图 5.2－15　二次衬砌施工

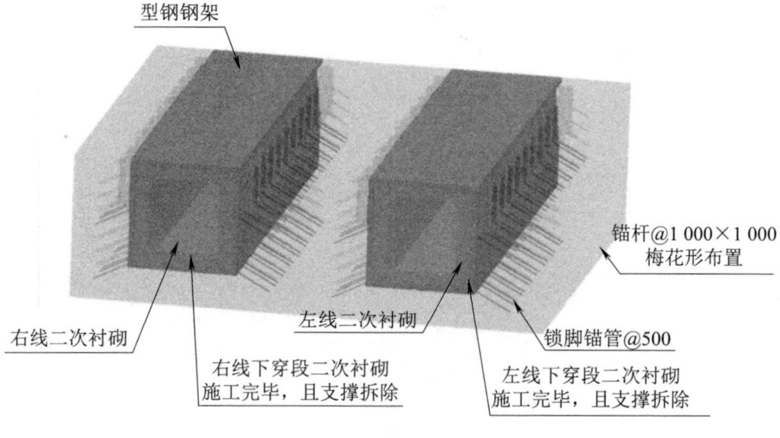

图 5.2－16　二次衬砌施工完毕

左右两线隧道的开挖顺序有如下两种：①一条隧道施工完以后，另一条隧道开始施工；②两条隧道同时施工。本次数值仿真模拟按这两种工况进行。

5.3　不同下穿施工对运营车站结构的影响分析

5.3.1　“先右线后左线”引起车站位移分析

隧道施工零距离下穿运营车站底板必然引起工程施工区域局部范围内的结构变形。为客观分析零距离下穿隧道施工对运营车站主体结构变形的影响程度，校核运营车站主体结构的变形量是否在指标控制内，特对零距离下穿隧道施工各开挖步下运营 4 号线福民站的位移场进行了分析研究。为了更清楚地说明运营车站主体结构的变形过程并揭示每一施工步下位移场的变化情况，给出了当前施工步的增量位移场（从上一施工步到当前施工步完成的增量位移场云图）。表 5.3－1给出各开挖步运营福民站底板的竖向位移云图，单位为 m。

表 5.3－1　运营车站底板的竖向位移云图表（单位：m）

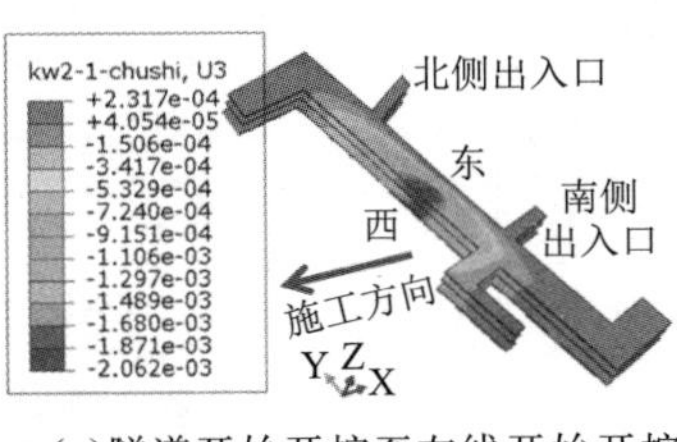 （a）隧道开始开挖至左线开始开挖运营车站位移场	隧道开始开挖至左线开始开挖后，引起的运营车站底板新增最大隆起变形 0.232 mm，位于底板中部东侧；因为右线施作衬砌，底板最大沉降变形2.062 mm，位于底板中部西侧
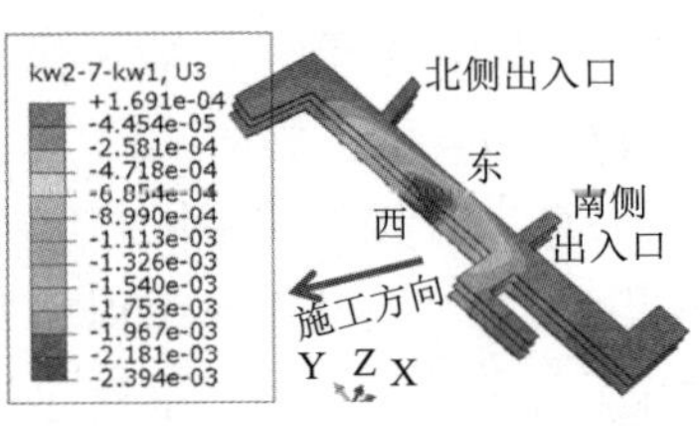 （b）隧道开始开挖至左线开挖完成运营车站位移场	隧道开始开挖至左线开挖完成后，引起的运营车站底板相对最大隆起变形 0.169 mm，位于底板南端；最大沉降变形 2.394 mm，位于底板中部西侧

续上表

<table>
<tr>
<td>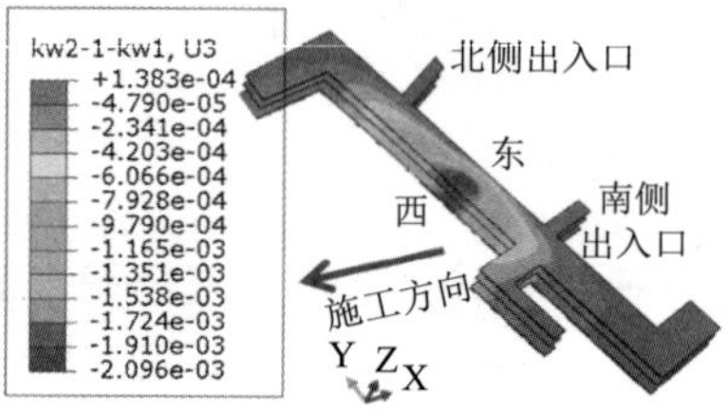

(c)隧道开挖至左线施作衬砌运营车站位移场，下穿段双线先后开挖运营车站位移分析图</td>
<td>隧道开挖至左线施作衬砌后，引起的运营车站底板相对最大隆起变形 0.138 mm，位于底板南端；最大沉降变形 2.096 mm，位于底板中部西侧</td>
</tr>
</table>

对隧道零距离下穿运营车站底板施工过程中典型施工步下运营福民站结构的竖向变形进行了汇总，见表 5.3－2。

表 5.3－2　隧道零距离下穿施工过程中运营 4 号线福民站结构竖向变形

施工步序（双线先后开挖）	最大隆起（mm）	出现位置	最大沉降（mm）	出现位置
隧道开始开挖至左线开始开挖	0.232	底板中部东侧	2.062	底板中部西侧
隧道开始开挖至左线开挖完成	0.169	底板南端	2.394	底板中部西侧
隧道开挖至左线施作衬砌	0.138	底板南端	2.096	底板中部西侧

注：最大隆起/沉降值指从施工开始至相应施工步序及当前施工步相对前面施工步的值。

通过计算发现，运营车站底板易出现最大沉降/隆起值的部位主要位于底板中部和底板中部东西两侧，现选取模型中顶板相应的三点，分析其位移随施工步进行的变化，如图 5.3－1 所示。

由图 5.3－1 可知，随着双线隧道先右后左开挖至下穿段总体开挖完成：运营车站底板中部西侧呈沉降趋势，在右线开挖时出现较大沉降（1 mm），整体最大沉降值约 2 mm；运营车站底板中部呈隆起趋势，这是新建隧道的开挖及注浆等原因造成的，在右线开始开挖、注浆及一次支护等多重影响因素下突然增大，直至右线开挖完成后趋于平缓，随着左线开始开挖底板隆起变形有轻微增加，后随着最大隆起值约 3.6 mm；运营车站底板中部东侧呈隆起趋势，但整体变形较小，受左线施工影响在左线开挖后出现较小回弹，最大隆起值约 0.6 mm。随后在左线隧道施作衬砌的过程中，运营车站底板整体呈下沉趋势。

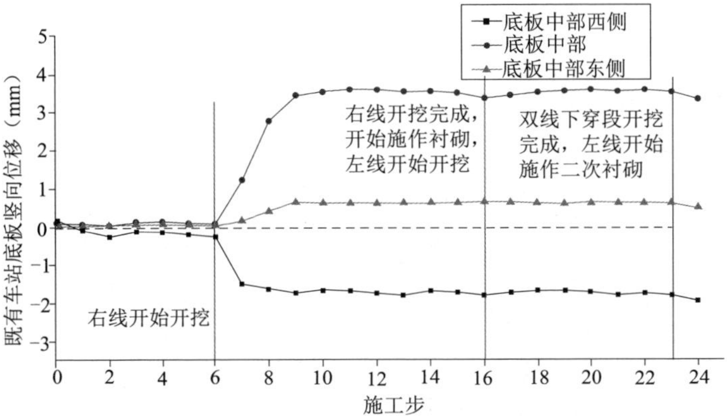

图 5.3-1　运营车站底板中部不同部位位移曲线图

5.3.2　双线同时开挖引起车站位移分析

隧道施工零距离下穿运营车站底板必然引起工程施工区域局部范围内的结构变形。为客观分析零距离下穿隧道施工对运营车站主体结构变形的影响程度，校核运营车站主体结构的变形量是否在指标控制内，特对零距离下穿隧道施工各开挖步下运营 4 号线福民站的位移场进行了分析研究。为了更清楚地说明运营车站主体结构的变形过程并揭示每一施工步下位移场的变化情况，特给出了当前施工步的增量位移场（从上一施工步到当前施工步完成的增量位移场云图）。表 5.3-3 给出各开挖步运营福民站底板的竖向位移云图，单位为 m。

表 5.3-3 运营车站底板的竖向位移云图表(单位:m)

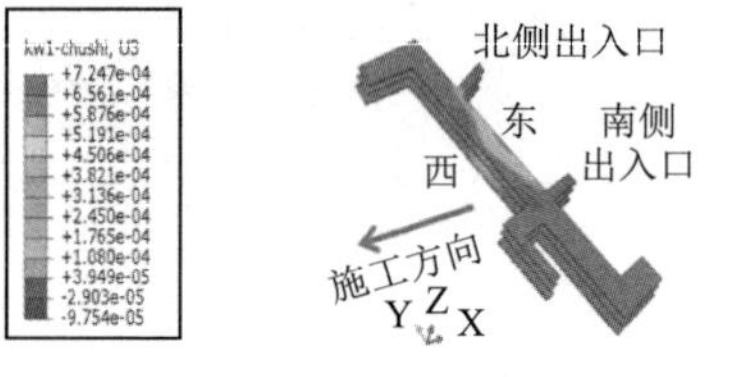 (a)隧道施工开挖至 4 m 运营车站位移场	双线隧道同时开挖至 4 m 后,引起的运营车站底板当前施工步新增最大隆起变形 0.725 mm,位于底板中部东侧;最大沉降变形 0.098 mm,位于底板南北侧出入口
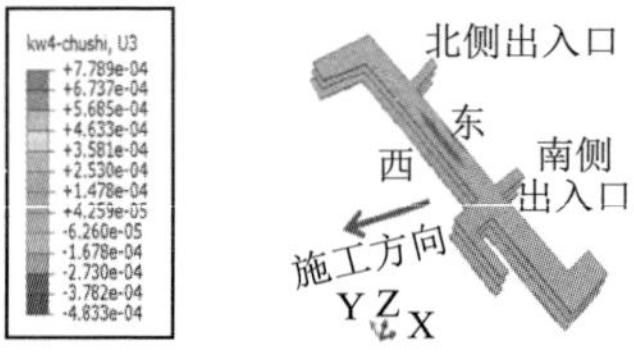 (b)隧道施工开挖至 16 m 运营车站位移场	双线隧道同时开挖至 16 m 后,引起的运营车站底板当前施工步新增最大隆起变形 0.780 mm,位于底板中部东侧;最大沉降变形 0.483 mm,位于底板中部
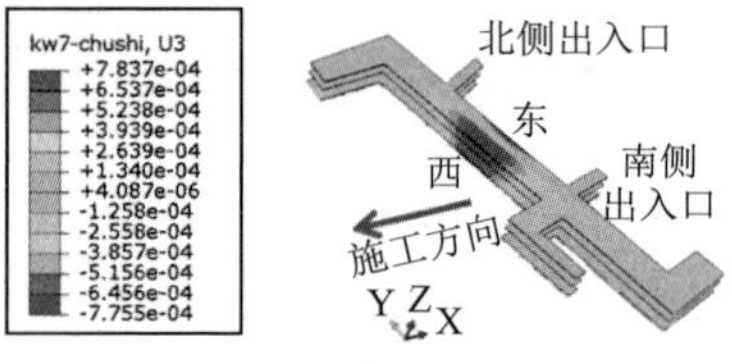 (c)隧道施工开挖至 28 m 运营车站位移场	双线隧道同时开挖至 28 m 后,引起的运营车站底板当前施工步新增最大隆起变形 0.784 mm,位于底板中部东侧;最大沉降变形 0.776 mm,位于底板中部西侧
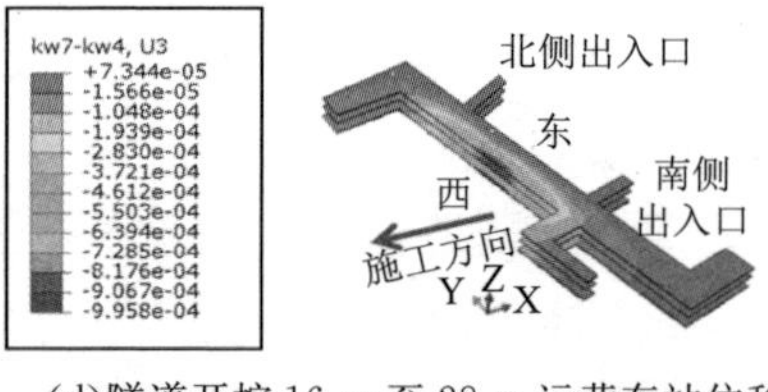 (d)隧道开挖 16 m 至 28 m 运营车站位移场	双线隧道同时开挖 16 m 至 28 m 后,引起的运营车站底板当前施工步相对最大隆起变形 0.073 mm,位于底板南端;最大沉降变形 0.996 mm,位于底板中部西侧
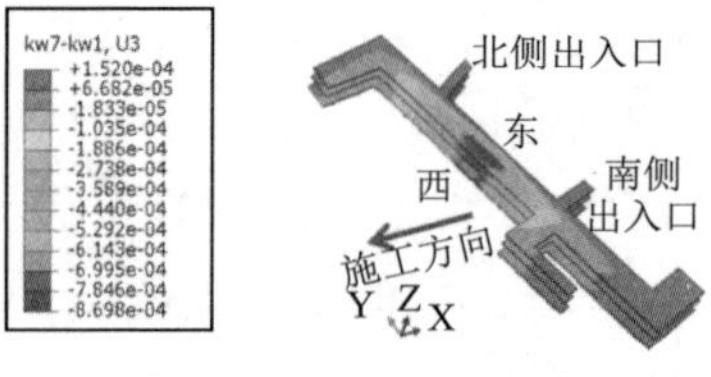 (e)隧道开挖 4 m 至 28 m 运营车站位移场	双线隧道同时开挖 4 m 至 28 m 后,引起的运营车站底板当前施工步相对最大隆起变形 0.087 mm,位于北侧出入口与底板中部连接;最大沉降变形 0.870 mm,位于底板中部西侧

续上表

<table>
<tr>
<td>
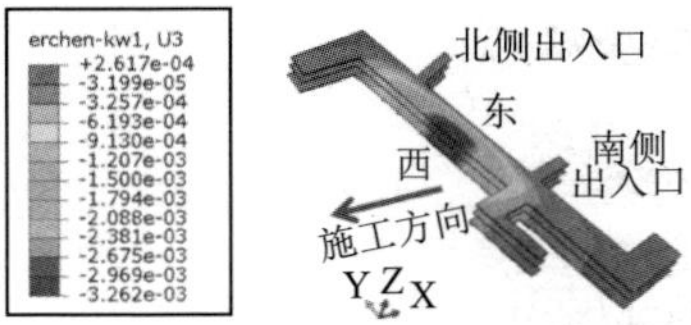

(f)隧道开挖 4 m 至施作二次衬砌运营车站位移场，下穿段双线同时开挖运营车站位移分析图
</td>
<td>双线隧道同时开挖 4 m 至施作二次衬砌后，引起的运营车站底板当前施工步相对最大隆起变形0.262 mm，位于底板南端；最大沉降变形3.262 mm，位于底板中部西侧</td>
</tr>
</table>

对隧道零距离下穿运营车站底板施工过程中各施工步下运营福民站结构的竖向变形汇总见表 5.3－4。

表 5.3－4 隧道零距离下穿施工过程中运营 4 号线福民站结构竖向变形

施工步序（双线同时开挖）	最大隆起（mm）	出现位置	最大沉降（mm）	出现位置
开挖至 4 m	0.725	底板中部东侧	0.098	底板南北侧出入口
开挖至 16 m	0.780	底板中部东侧	0.483	底板中部
开挖至 28 m	0.784	底板中部东侧	0.776	底板中部西侧
开挖 16 m 至 28 m	0.073	底板南端	0.996	底板中部西侧
开挖 4 m 至 28 m	0.087	北侧出入口与底板中部连接处	0.870	底板中部西侧
开挖 4 m 至施作二次衬砌	0.262	底板南端	3.262	底板中部西侧

注：最大隆起/沉降值指从施工开始至相应施工步序及当前施工步相对前面施工步的值。

通过计算发现，运营车站底板易出现最大沉降/隆起值的部位主要位于底板中部和底板中部东西两侧，现选取模型中顶板相应的三点，分析其位移随施工步进行的变化，如图 5.3－2 所示。

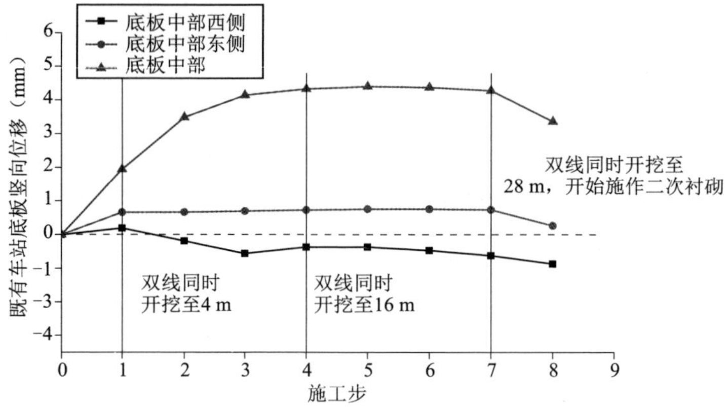

图 5.3-2　运营车站底板中部不同部位位移曲线图

由图 5.3-2 可知，随着双线隧道同时开挖至下穿段总体开挖完成：运营车站底板中部西侧呈沉降趋势，最大沉降值约 1 mm；运营车站底板中部呈隆起趋势，最大隆起值约 4.5 mm；运营车站底板中部东侧呈隆起趋势，这是新建隧道的开挖及注浆等原因造成的，最大隆起值仅为 0.8 mm。随后在双线隧道施作衬砌的过程中，运营车站底板整体呈下沉趋势。

5.3.3　两种工况对比分析

通过计算双线隧道下穿段两种工况（双线先后开挖与双线同时开挖）并进行对比分析，如图 5.3-3、图 5.3-4 及表 5.3-5 所示。

（1）两种工况下运营车站底板中部的变形趋势基本一致，底板中部西侧（施工方向为由东向西）都呈沉降趋势，底板中部及底板中部东侧都呈隆起趋势，最后施作衬砌时运营车站底板中部整体都呈沉降趋势，但双线先后开挖时底板中部的竖向变形相对于双线同时开挖时底板中部的竖向变形趋势较缓，更利于运营车站结构的稳定。

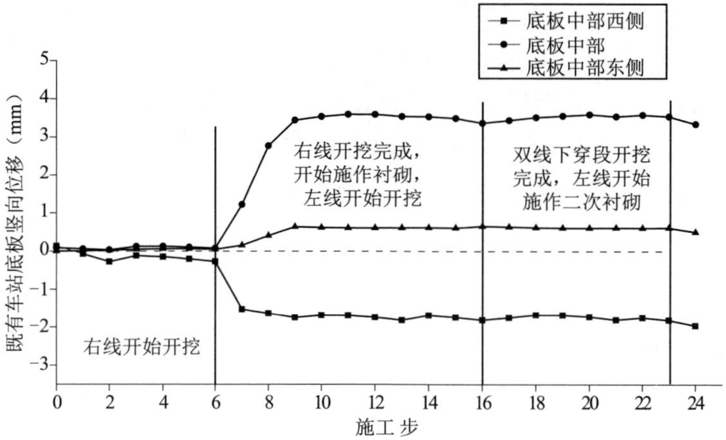

图 5.3-3　运营车站底板中部双线隧道先右后左开挖曲线图

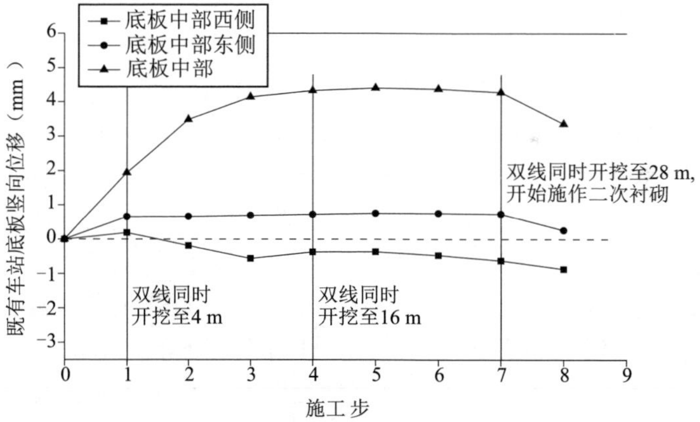

图 5.3-4　运营车站底板中部双线隧道同时开挖曲线图

表 5.3-5　两种工况下运营车站底板中部不同部位最大位移对比

两种工况	中部西侧	底板中部	中部东侧
双线先右后左开挖	−2 mm	3.6 mm	0.6 mm
双线同时开挖	−1 mm	0.8 mm	4.5 mm

注：隆起值为正，沉降值为负。

(2)双线先后开挖时运营车站底板中部的最大变形量为3.6 mm,双线同时开挖时运营车站底板中部的最大变形量为4.5 mm,都为最大隆起值,可以发现双线同时开挖时底板中部的变形较大。

先"右线后左线"开挖方案下,地表最大沉降较之双线同时开挖方案小 1 mm,对轨道变形有严格控制标准的运营车站意义重大。所以,综上所述,双线隧道先右后左开挖方案更优。

5.4 小　　结

本章就地铁区间矿山法隧道零距离下穿施工对运营车站结构的影响进行了三维仿真分析,对比"先右线后左线"和"左右线同时施工"两种工况,得出如下成果:

(1)双线先右后左开挖。随着双线隧道先右后左开挖至下穿段总体开挖完成并施作衬砌:运营车站底板中部西侧呈沉降趋势,在左右线施作衬砌时出现较大沉降(1 mm),整体最大沉降值约 2 mm;运营车站底板中部呈隆起趋势,在右线施作衬砌和左线开挖等多重影响因素下突然增大,在左线开挖至 12 m 以后隆起变形逐渐减少,最大隆起值约 3.6 mm;运营车站底板中部东侧呈隆起趋势,但整体变形较小,受左线施工影响在左线开挖后出现较小回弹,最大隆起值约 0.6 mm。随后在左线隧道施作衬砌的过程中,运营车站底板整体呈下沉趋势,底板中部下沉约 0.5 mm,中部两侧下沉约 1 mm。

(2)双线同时开挖。随着双线隧道同时开挖至下穿段总体开挖完成:运营车站底板中部西侧呈沉降趋势,最大沉降值约 1 mm;运营车站底板中部呈隆起趋势,最大隆起值约 4.5 mm;运营车站底板中部东侧呈隆起趋势,最大隆起值仅为 0.8 mm。随后在双线隧道施作衬砌的过程中,运营车站底板整体呈下沉趋势,底板中部下沉约 1 mm,中部两侧下沉约 2 mm。

(3)两种工况对比可得。两种工况下运营车站底板中部的变形趋势基本一致,但双线先后开挖时底板中部的竖向变形相对于双线同时开挖时底板中部的竖向变形趋势较缓；双线先后开挖时运营车站底板中部的最大变形量为 3.6 mm，双线同时开挖时运营车站底板中部的最大变形量为 4.5 mm，均表现为隆起，可以发现双线同时开挖时底板中部的变形较大。所以，综上所述，双线隧道先右后左开挖方案更优。

第 6 章　零距离下穿运营车站监控量测技术

6.1　监测技术与方法

6.1.1　自动化监测

1. 监测仪器

自动化监测采用徕卡 TS30 测量机器人与 GeoMos 专业监测软件配套使用实现，如图 6.1－1 和图 6.1－2 所示。

图 6.1－1　TS30 全站仪

图 6.1－2　GeoMos 专业监测软件

徕卡 TS30 测量机器人能够自动调焦、自动正倒镜监测、自动进行误差改正、自动记录监测数据，其独有的 ATR(Automatic Target Recognition，自动目标识别)模式，使全站仪能进行自动目标识别，操作人员一旦粗略瞄准棱镜后，全站仪就可搜寻到目标，并自动瞄准，不再需要精确瞄准和调焦，大大提高工作效率和减少人为照准误差。该仪器测角精度为 0.5″，测距精度为 1 mm±1 ppm。仪器在测量前均已经国家认可的检定单位检定合格。

GeoMos 专业监测软件则是实现自动化监测的平台，可远程控制测量机器人，且该软件能自动处理接收到的监测数据，并生成监测成果表及变形曲线。

2. 自动化监测系统构成

(1)系统架构

自动变形监测系统主要由数据采集、数据传输、系统总控、数据处理、数据分析和数据管理等部分组成，如图 6.1－3 所示。

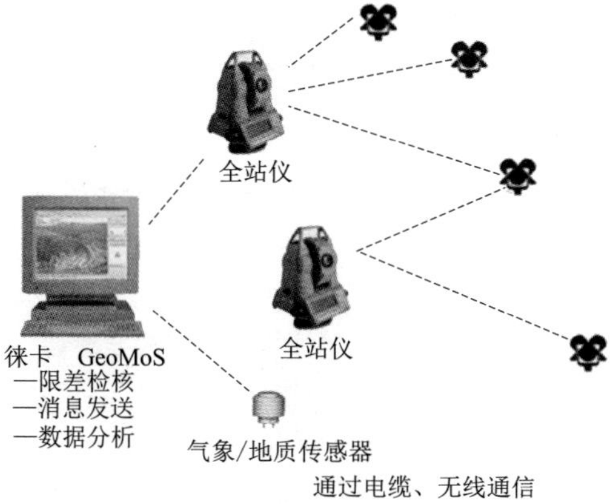

图 6.1－3　自动变形监测系统

(2)通信架构

自动变形监测系统通信模式分为：远程遥控预案和紧急通信预案，如图 6.1－4 和 6.1－5 所示。

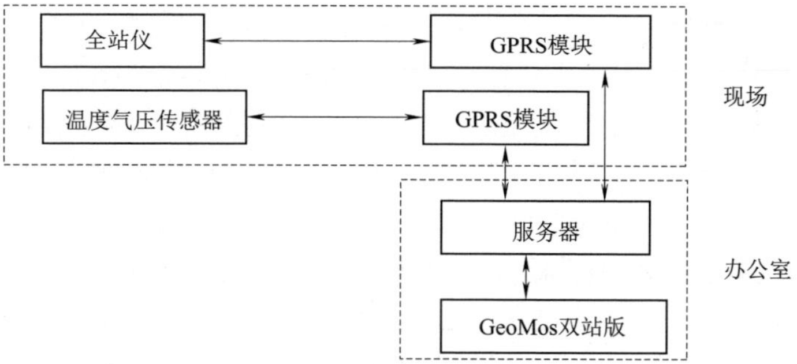

图 6.1－4　远程遥控通信模型

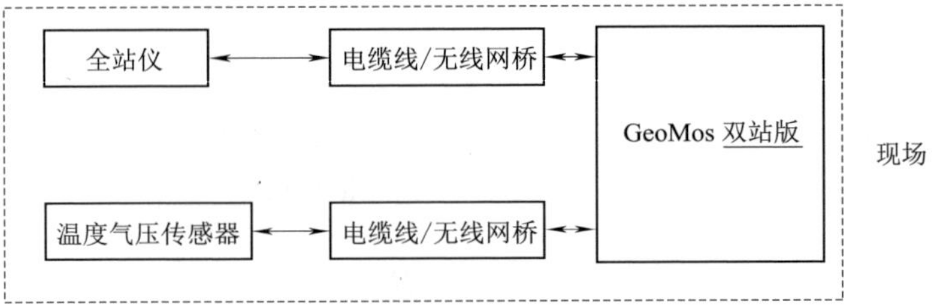

图 6.1-5　紧急通信模型

3. 自动化监测流程

(1)项目建立。计算机控制系统软件及网络安装配置完成后使用 GeoMoS Monitor 变形监测软件建立监测项目及相应数据文件，以存储工程数据。

(2)系统设置。在软件系统上进行仪器连接设置，端口号与现场测站通信模块配置一致。工作基站测量机器人安装整平定向好之后进行系统通电，使现场 CDMADTU 处于侦听状态，将计算机控制系统与工作基站建立通信连接。进行各工作基站全站仪初始化，仪器参数选择全站仪 TS30，仪器连接测试正常后，设置全站仪自动照准超时 20 s，自动目标识别 ATR 开，补偿器开。进行坐标系设置，按测量坐标系设置为左手系，平面及高程单位设置为 m，数据保留小数后 5 位。根据基准网测量成果设置输入测站坐标，气象参数按默认。导入参考点(各基准点)数据。

(3)初始测量。使用参考点定向后进行各监测点初始测量，第一次观测需在各工作基站人工瞄准，由计算机控制系统指挥全站仪观测该点概略坐标并保存至数据库，作为后续观测搜寻目标的位置依据。

(4)自动测量。本工程工作基站控制 150 m 左右的监测范围，建立观测点组，使最远测点距观测站不大于 150 m。另外对所有控制点单独分组。为保证监测点相对工作基点监测精度能够达到 1 mm，设置盘左、盘右测角、测距各观测一测回，测角中误差限差 1″，测距中误差限差 1 mm。根据监测频率要求，对监测点组设定定时观测周期，之后系统按照设定要求进行自动观测、计算、存储数据。

6.1.2　人工监测

1. 沉降监测

(1)监测方法及技术要求

本项目拟采用水准测量方法进行沉降监测。

根据相关规范规定并结合本项目相关要求,采用水准测量方法进行沉降监测基准网的主要技术要求,见表 6.1-1。

表 6.1-1　沉降监测基准网的主要技术要求

相邻基准点高差中误差(mm)	每站高差中误差(mm)	往返较差或环线闭合差(mm)	检测已测高差较差(mm)
0.5	0.15	$0.30\sqrt{n}$	$0.40\sqrt{n}$

注:n 为测站数。

根据《工程测量规范》(GB 50026—2007)第 10.3.4 条、《建筑变形测量规范》(JGJ 8—2007)第 4.4.2 条规定,本项目水准观测的主要技术要求见表 6.1-2。

表 6.1-2　水准观测的主要技术要求

仪器型号	水准尺	视线长度(m)	前后视的距离较差(m)	前后视的距离较差累积(m)	视线距地面最低高度(m)	同一测站两次所测高差较差(mm)
DNA03	铟瓦	≥3 且≤50	≤0.5	≤1.5	0.5	≤0.4

根据《建筑变形测量规范》(JGJ 8—2007)第 4.4.2 条规定,本项目水准观测限差见表 6.1-3。

表 6.1-3　水准观测的限差(mm)

基辅分划读数之差	基辅分划所测高差之差	往返较差及附合或环线闭合差	单程双测站所测高差较差	检测已测测段高差之差
0.5	0.7	$\leq 1.0\sqrt{n}$	$\leq 0.7\sqrt{n}$	$\leq 1.5\sqrt{n}$

注:n 为测站数。

(2)监测仪器及仪器精度

仪器:瑞士徕卡 DNA03 型电子水准仪,铟瓦水准尺。

精度:±0.3 mm/km。

(3)观测方法

沉降观测时,根据监测点的分布情况,按如下步骤进行:

①每期观测均采用闭合环线进行,将所有基准点及观测点都置于环线中组成闭合水准路线,最后进行联合平差,每期观测均按统一观测路线进行。

②若测区内有可用的控制基标点,第一次观测时应与基标点联测。否则使用假设高程系,第一次观测时假设任意一个基准点的高程作为其他观测点的起算高程。首期观测完成后,可推算其余基准点的高程。自第二期观测开始,先检查基准点之间的高差是否存在异常,如果存在异常经计算判断发生变动的点并将其剔除,如果不存在异常则按照步骤①的路线对观测点进行观测。

③沉降观测严格按Ⅱ等水准观测主要技术要求进行。

④每次观测应采用相同的仪器、相同的人员及相同的观测路线进行。每次观测前需对所利用的工作基点、基准点进行检核。

⑤仪器的圆水准气泡应严格整平,同一测站观测时不得两次调焦。

⑥在 DNA03 全自动数字水准仪的设置功能中,设置好相关参数。观测时仪器自动检查测站观测质量。当观测超限时,水准仪自动提示重测;当观测数据合格时,水准仪自动记录观测数据。

(4)成果整理

所有观测数据,都按规范规定要求的各项限差进行控制。监测系统对监测原始数据进行数据改正、平差计算、生成监测报表和变形过程曲线图、计算各点的高程及沉降量、累积沉降量。

2. 水平位移监测

(1)监测方法及技术要求

本项目拟采用坐标法进行水平位移监测。

根据相关规范关于平面控制网技术要求的规定，本项目水平位移监测主要技术要求见表 6.1－4。

表 6.1－4　水平位移监测主要技术要求

相邻基准点点位中误差（mm）	平均边长（m）	测角中误差（″）	最弱边边长相对中误差	水平角观测测回数	距离观测测回数	
					往测	返测
3.0	150	1.8	≤1/100 000	4	4	4

（2）监测仪器及仪器精度

仪器：瑞士徕卡 TS30 全站仪，徕卡专用棱镜头。

精度：±0.5″，0.6 mm±1 ppm。

（3）观测及计算方法

水平位移采用徕卡 TS30 全站仪按坐标法进行观测，即每次观测各测点的平面坐标，根据坐标变化来确定各测点变形情况。观测应严格遵循相关规范要求，每站观测 4 测回，观测数据利用专业软件进行严密平差。

（4）成果整理

水平位移测量在完成记录检查、平差计算和处理分析后，进行如下整理：

①备份并保存内容完整、齐全的观测记录手簿。

②及时整理每次测得的数据，包括：进行误差分析，取有效观测数据，分析与前一次观测间的变形量、本次观测后的累计变形量，绘制水平位移—时间曲线图等反应变形过程的图表。

③简要说明及分析、建议等。

6.1.3　监测成果反馈

所有监测成果均应按照《深圳市地铁集团有限公司隧道（基坑）工程监测成果报告编制标准》编制。监测成果报告主要包括日报、周报、月报和总结报告，所有报告均应按要求及时提交给监理单位、施工单位、建设单位、运营分公司、总工办、地保办等相关单位。所有纸质报告封面均加盖监测单位公章。

1. 监测报告内容

日报、周报及月报内容主要包括：施工工况；监测工作情况；监测成果分析；结论及建议；监测点形变时程变化曲线图及纵断面曲线图；重点监测点位形变曲线图；监测成果表汇总；监测点分布示意图。

监测总结报告内容主要包括：工程概况；监测目的、监测项目和技术标准；监测点布设；采用的仪器型号、规格和元器件标定资料；监测数据采集和观测方法；监测巡视信息，包括巡视照片、记录等；监测数据汇总，包括监测值、累计变形值、变形速率、变形曲线、时程曲线、必要的横纵断面对比曲线等；监测数据与巡视信息的分析与说明；监测结论与建议。

2. 监测报告编写要求

(1)自动化监测期间工况，包括地铁施工进展情况及周边临近地铁其他单位施工的情况(施工内容、方法、进度、问题等)。以上内容，根据实际施工进度情况可以适当简化。

(2)监测情况说明，包括监测点变更情况和理由，当月工程出现变形异常时，发出预警、报警的监测资料情况和监测频率变动情况的说明，监测工作存在的问题等。

(3)监测成果的分析，要求分项做出分析和结论。对监测点(尤其是变形大的点)做出当月(周)的综合分析，指出“变化趋势”，是否趋于稳定，做出该点变形对周围环境的影响是否安全的评价。结合周围工况和水文地质条件分析变形较大的原因(变形较小的正常点也可以分类合并说明)。发布预警、报警、指导、协调施工取得的效果等。

(4)结论与建议，对变形做出结论，从监测与施工两方面提出改进的措施。

(5)沉降变形曲线图。

(6)监测成果表汇总，要求按规定的格式分项归类、汇总，各测点的监测数据要按监测日期顺序准确填报，填表者、校核者应签名。

(7)监测点分布示意图,月报、周报初始必须附有此图,图上监测点号必须与监测成果表中的点号相一致,如有新增点或变更点,应在新增或变更当月表示在示意图上。若是地面、道路、管线监测点,图上要标注控制断面的里程。道路、管线测点图与建(构)筑物沉降测点图分开提供。

6.1.4　监测报警流程

当实际变形值达到最大允许变形值的 60%时,应及时以书面形式向项目监理单位、施工单位、建设单位、运营分公司、总工办、地保办等相关单位发送报警通知。

当达到最大变形允许值的 80%时,应在 2 h 内通知项目监理单位、施工单位、建设单位、运营分公司、总工办、地保办等相关单位的项目负责人,并启动 24 h 实时监测。

当超过最大变形允许值时,应立即通知项目监理、施工单位、建设单位、运营分公司、总工办、地保办等相关单位的项目负责人,并启动 24 h 实时监测。具体流程如图 6.1-6 所示。

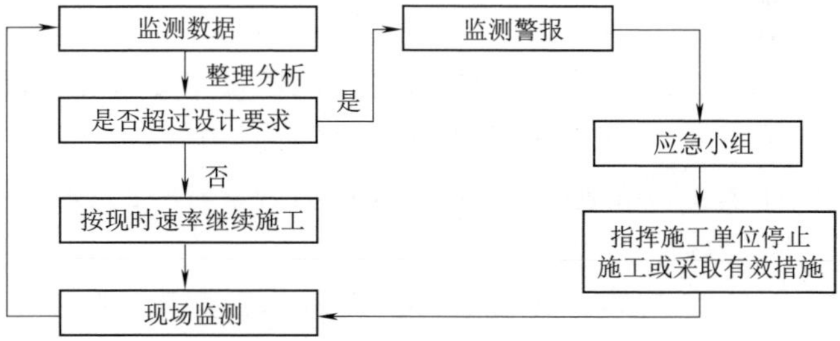

图 6.1-6　监测预警流程图

6.1.5　监测重难点应对措施

(1)重点区域监测点及监测内容不可进行调整且需加强监测,监测频率应适当加强,监测时间主要为施工期间、运营期间直至稳定期,对动态施工进行监督指导,对动态设计提供相应数据及依据,并对后期稳定情况进行监督管理。

(2)特殊区域监测点及监测内容不可进行调整且需加强监测,监测内容应根据实际情况和特殊要求来确定。监测频率应适当加强,监测时间主要为施工期间、运营期间直至稳定期,对动态施工进行监督指导,对动态设计提供相应数据及依据,并对后期稳定情况进行监督管理。

6.1.6 监测应急措施

根据拟建工程的特点及施工工艺的实际情况,通过认真组织对危险源和环境因素的识别和评价,特制定本项目发生紧急情况或事故时的监测应急措施,开展应急知识教育和应急演练,提高现场操作人员应急能力,减少突发事件造成的损害和不良环境影响。其应急准备和响应工作程序如下:

(1)当出现监测数据变化异常时,立即安排对异常测点的复测和加密监测,当基坑出现危险事故征兆时,及时对运营线启动应急监测预案,监测频率改为连续监测直至危险源解除。

(2)当福民站车站主体结构、隧道区间底板在沉降值和沉降速率均较小的情况下,发生底板开裂、冒水现象时,立即通知施工方、监理、设计、业主并联系地铁 4 号线福民站值班室,进入车站进行处理,同时,加密监测频率和人工巡查次数。

(3)当地铁车站内出现开裂、突水、涌泥等情况引起变形过快或塌方等危险情况时,及时加密变形监测频率至 30 min/次,立即通知施工方停止开挖,并通知监理、设计、业主,同时联系地铁 4 号线福民站值班室,积极配合有关各方找出原因。

(4)当福民站底板在沉降值和沉降速率过大并超限的情况下,必要时通知地铁集团运营分公司对福民站及相应区间进行限速、甚至停运,以策安全,启动 24 h 不间断监测直至危险源解除。

6.2 测点布置与控制值

6.2.1 测点布置

运营 4 号线福民站周边的施工以及运营线本身的运营是一个动态过程，与之有关的稳定和环境影响也在动态变化中。因此，在施工过程中，必须对运营线进行三维空间全方位、全过程的监测。施工过程中对运营 4 号线福民站轨道及腰拱变形进行了监测，如图 6.2－1 所示为新建 7 号线福民站下穿运营车站自动化监测点布置图。

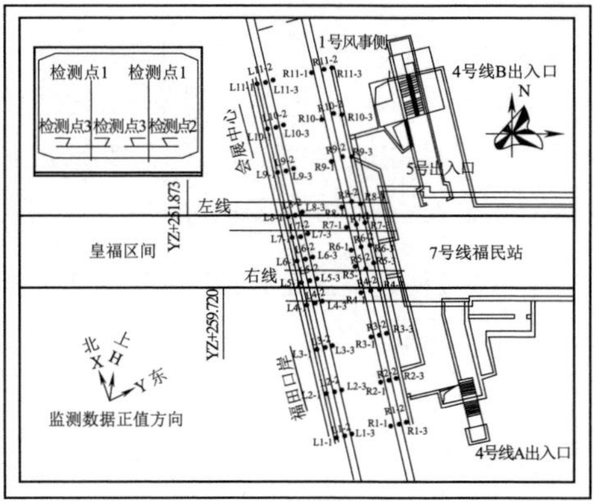

图 6.2－1　运营车站自动化监测点位布置图

6.2.2 变形控制值

根据相关规范及设计要求，变形监测控制指标见表 6.2－1。

表 6.2－1　变形监测控制指标一览表

序号	监测项目	预警值(黄色)	报警值(橙色)	控制值(红色)
1	结构绝对变形量	6.0 mm	8.0 mm	10.0 mm
2	差异变形	2.4 mm/10 m	3.2 mm/10 m	4.0 mm/10 m

依据设计要求，当实际变形值达到最大允许变形值的60%时，须向有关单位发出黄色预警；当达到控制值的80%时，应发出橙色报警；当超过控制值时，应发出红色报警。且当首次报警后，若测点以较大的速率继续下沉变形，应视情况继续报警。

对运营4号线福民站轨道变形采取自动化和人工监测两种手段。其中对轨道道床和腰拱变形采用自动化监测方式，监测频率为1次/d。

6.2.3 施工节点时间

区间隧道零距离下穿运营车站采用CRD法进行施工。本工程自2014年11月23日开始注浆，至2014年12月20日开始隧道开挖；2015年4月23日至2015年6月8日右线开挖结束开始施作二次衬砌；2015年5月12日左线开挖，至2015年8月8日左线二次衬砌施工完成。具体的施工程序和施工所用的时间见表6.2-2。

表6.2-2 双线隧道下穿段关键步骤实际施工时间表

编　号	关键施工步骤	开始时间	完工时间
1	开始注浆	2014年11月23日	2014年12月20日
2	右线开挖	2014年12月20日	2015年4月23日
3	右线施作衬砌及拆除支撑	2015年4月23日	2015年6月8日
4	左线开挖	2015年5月12日	2015年7月6日
5	左线施作衬砌及拆除支撑	2015年7月6日	2015年8月8日

6.3 零距离下穿运营车站监测分析

6.3.1 运营车站铁轨道床竖向变形

在新施工双线开挖隧道正上方的5、8测点，远离新建隧道左线15 m的2测点，远离新建隧道左线25 m的3测点，位于新建隧道左右线上方中间位置的 6 测点，以及远离新建隧道右线 20 m 的 10 测点进行分析。这些测点包括了运营车站结构位于下穿段双线的正上方、下穿段双线中间及远离下穿段双线的部位，对运营车站道床和腰拱部位的竖向变形进行了监测。其中监测点 L02-1、L03-1、L05-1、L06-1、L08-1、L10-1 也对运营车站腰拱水平变形进行了监测。

现对左右线施工对运营车站铁轨道床竖向变形的影响进行分析，轨道各监测点上的竖向变形位移曲线如图 6.3－1～图 6.3－4 所示。

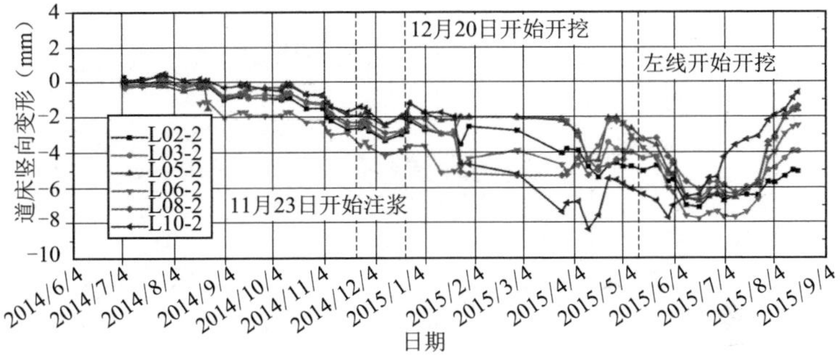

图 6.3－1　左线铁轨道床典型监测点竖向变形曲线(1)

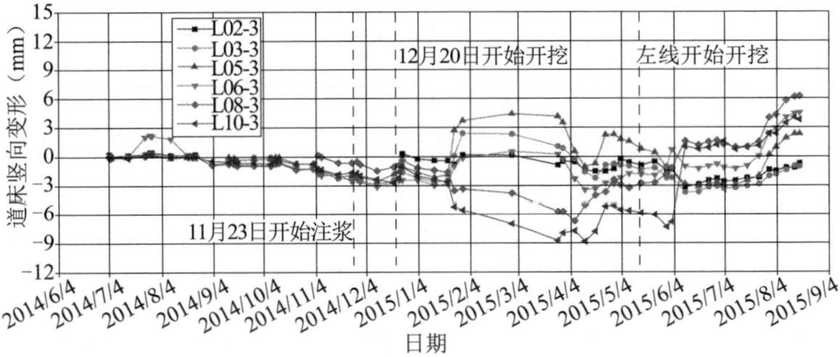

图 6.3－2　左线铁轨道床典型监测点竖向变形曲线(2)

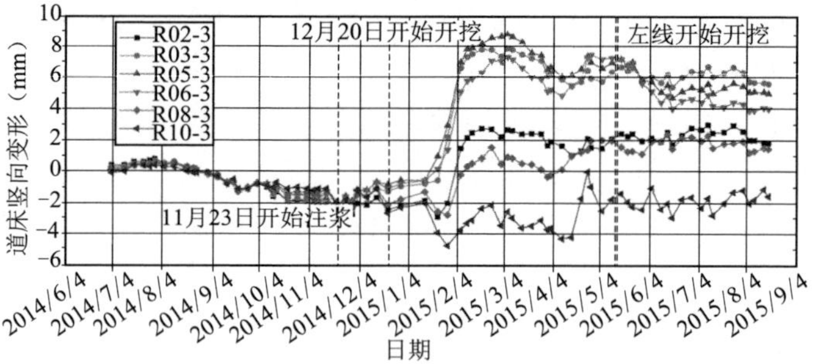

图 6.3-3　右线铁轨道床典型监测点竖向变形曲线(1)

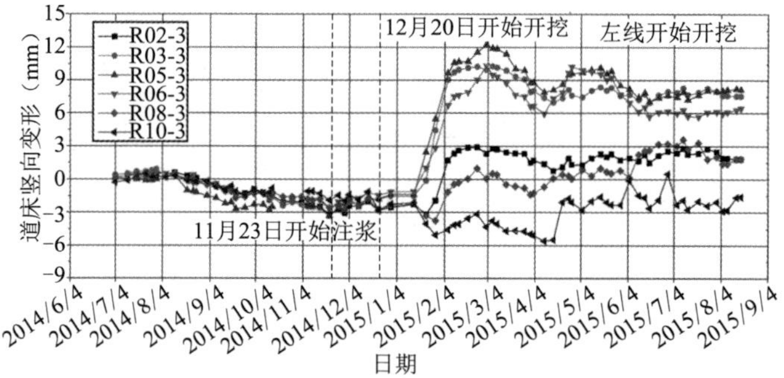

图 6.3-4　右线铁轨道床典型监测点竖向变形曲线(2)

由图中曲线可知：

隧道开挖时运营车站的左线监测曲线：隧道开挖前由于新建地铁站施工的扰动，运营车站道床产生较小的沉降，隧道开始开挖后由于注浆原因，道床竖向位移有一定的回弹，但从整体看以沉降变形为主，最大沉降变形达到 8.2 mm 左右，小于结构变形监测控制值10.0 mm。

隧道开挖时运营车站的右线监测曲线：隧道开挖前由于新建地铁站施工的扰动，运营车站道床产生较小的沉降，隧道开始开挖后由于开始注浆原因，对运营车站右线底板有较大扰动，造成道床隆起，最大可达 12.0 mm，超过结构变形监测控制值 10.0 mm。监测数据中的突变可能是由于注浆导致的隆起，但不影响整体趋势。

6.3.2　运营车站隧道腰拱竖向变形

现对左右线施工对运营车站铁隧道腰拱竖向变形的影响进行分析，轨道各监测点上的腰拱水平变形曲线如图 6.3－5 和图 6.3－6 所示。

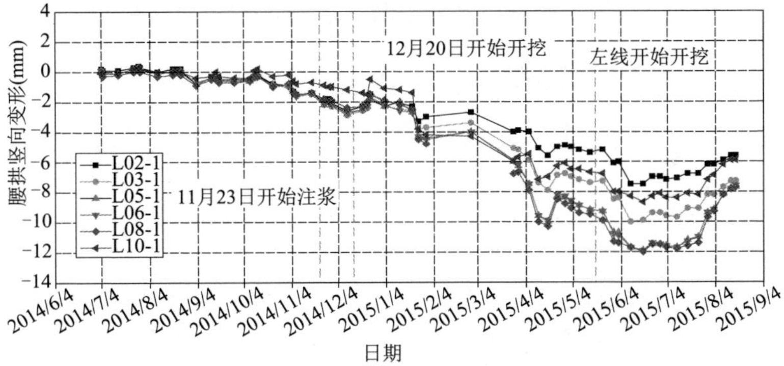

图 6.3－5　运营车站左线腰拱典型监测点竖向变形曲线

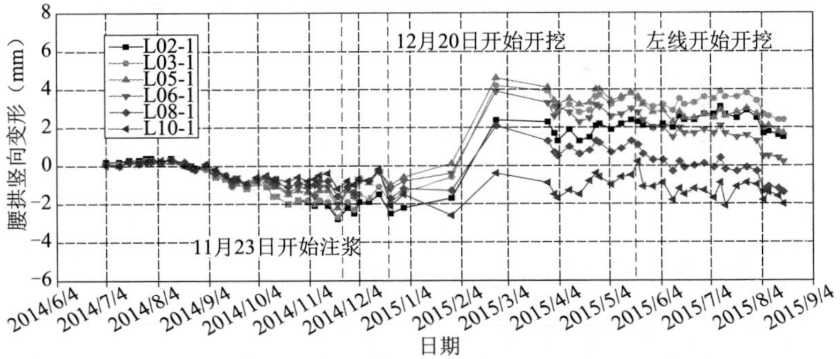

图 6.3－6　运营车站右线腰拱典型监测点竖向变形曲线

运营车站双线腰拱竖向变形规律与道床竖向变形规律一致。隧道开挖时运营车站的左线监测曲线：隧道开挖前由于新建地铁站施工的扰动，运营车站道床产生较小的沉降，隧道开始开挖后由于开始注浆并施作混凝土结构等原因，道床竖向位移有一定的回弹，但从整体看以沉降变形为主，最大沉降变形达到 12 mm 左右，超过结构变形监测控制值 10.0 mm。

隧道开挖时运营车站的右线监测曲线:隧道开挖前由于新建地铁站施工的扰动,运营车站道床产生较小的沉降,隧道开始开挖后由于开始注浆并施作混凝土结构等原因,对运营车站右线底板有较大扰动,造成道床抬升,最大可达 4.7 mm,小于结构变形监测控制值 10.0 mm。监测数据中的突变可能是由于注浆导致的隆起,但不影响整体趋势。

6.3.3 运营车站隧道腰拱水平变形

现对左右线施工对运营车站铁隧道腰拱水平变形的影响进行分析,轨道各监测点上的腰拱水平变形曲线如图 6.3-7 和图 6.3-8 所示(正值为腰拱向内侧变形,负值为腰拱向外侧变形)。

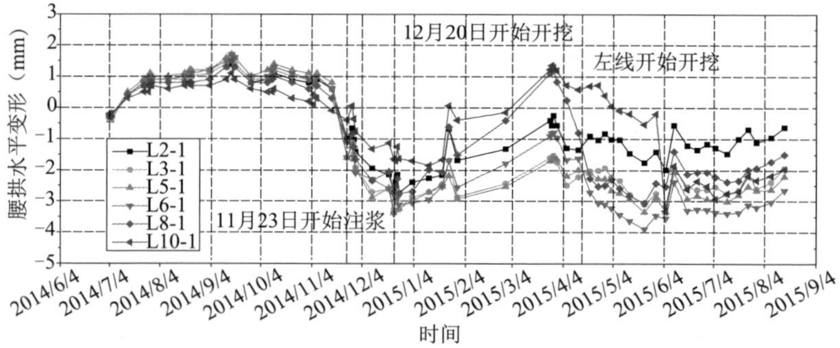

图 6.3-7 运营车站左线腰拱典型监测点水平变形曲线

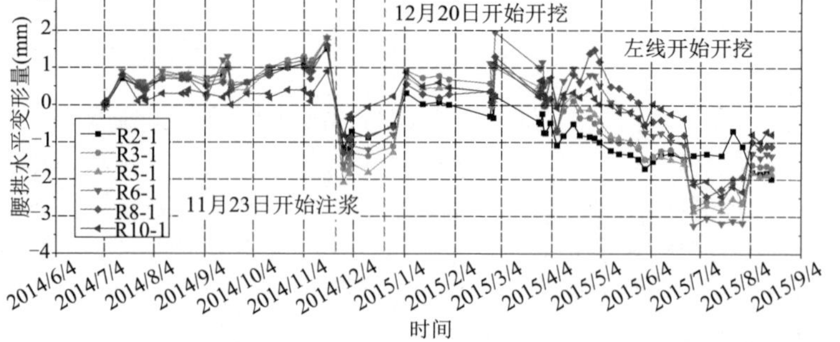

图 6.3-8 运营车站右线腰拱典型监测点水平变形曲线

隧道开挖时运营车站的左线监测曲线：隧道开挖前由于新建地铁站施工的扰动，各监测点的水平变形表现为腰拱向内侧变形，最大约 1.8 mm，开始注浆后，内侧变形位移开始减小并逐渐向外侧变形，最大变形量约 1.8 mm。在 2014 年 12 月 20 日双线隧道下穿段开始施工后，各监测点开始向腰拱内侧变形，最大达到 1.5 mm，之后随着开挖对土体造成较大的扰动又出现向隧道腰拱向外侧变形，最大达到 3.9 mm，远小于结构变形监测控制值 10.0 mm。

隧道开挖时运营车站的右线监测曲线：与左线监测曲线变化规律一致。即由于新建地铁站施工的扰动，各监测点的水平变形表现为腰拱向内侧变形，最大约 1.8 mm，开始注浆后，内侧变形位移开始减小并逐渐向外侧变形，最大变形量约 1.9 mm。在 2014 年 12 月 20 日双线隧道下穿段开始施工后，各监测点开始向腰拱内侧变形，最大达到 2.0 mm，之后随着开挖对土体造成较大的扰动又出现向隧道腰拱向外侧变形，最大达到 3.2 mm，远小于结构变形监测控制值 10.0 mm。

6.3.4　运营车站隧道腰拱与道床的竖向差异变形

现对左右线施工对运营车站铁轨道床和腰拱的竖向差异变形的影响进行分析，竖向差异变形＝腰拱左右线的竖向变形－道床相应左右线监测点 2 的竖向变形，腰拱的竖向变形轨道各监测点上的竖向变形位移曲线如图 6.3－9 和图 6.3－10 所示。

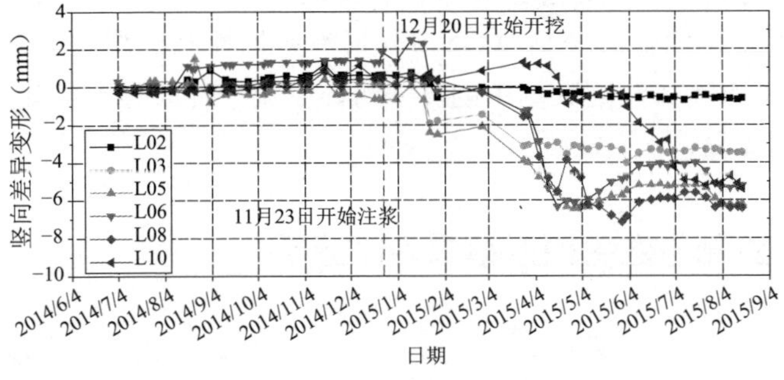

图 6.3－9　运营车站左线腰拱与道床竖向差异变形曲线

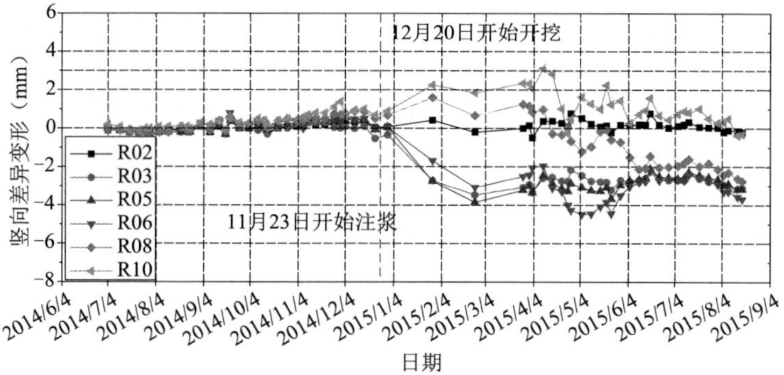

图 6.3－10　运营车站右线腰拱与道床竖向差异变形曲线

由图可知，运营车站双线腰拱竖向变形相较于道床变形：

隧道开挖时运营车站的左线监测曲线：隧道开挖前由于新建地铁站施工的扰动，腰拱相对于道床有较大竖向抬升变形，最大可达2 mm；在 2014 年 12 月 20 日隧道开始开挖后，腰拱相对于道床有较大竖向沉降变形，最大可达 7 mm，超过差异变形监测控制值4.0 mm/10 m。

隧道开挖时运营车站的右线监测曲线：隧道开挖前由于新建地铁站施工的扰动，腰拱相对于道床有较大竖向抬升变形，最大可达1 mm；在 2014 年 12 月 20 日隧道开始开挖后，腰拱相对于道床有较大竖向沉降变形，最大可达 4.5 mm，超过差异变形监测控制值4.0 mm/10 m。

由分析可得双线隧道下穿运营车站过程中运营车站道床的竖向变形相对腰拱变形较小，对轨道变形有严格控制标准的运营车站来说，意义重大。监测数据中的突变可能是由于注浆导致的隆起，但不影响整体趋势。

6.4　监测与数值模拟结果对比分析

图 6.4－1 和图 6.4－2 为自 2014 年 12 月底开挖下穿段右线过程中，数值模拟计算所得运营 4 号线福民站底板道床的竖向变形与

实际施工过程中的监测数据值的对比曲线。其中正值表示回弹变形，负值表示沉降变形，图中所示曲线均为相对变形，初始变形值为零。

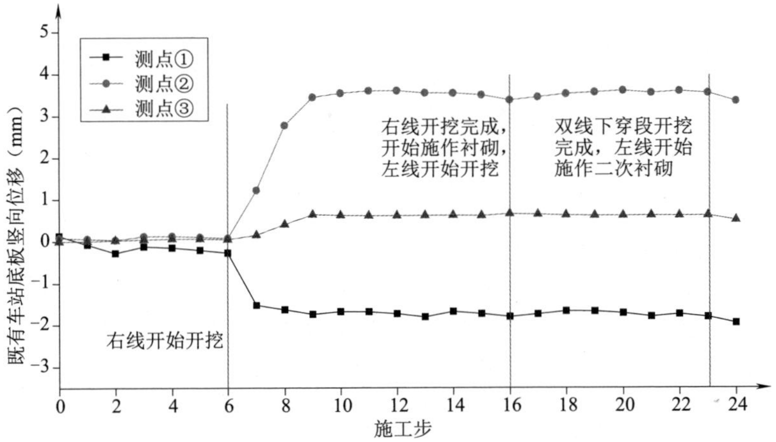

图 6.4－1　数值模拟运营车站底板中部不同部位位移曲线图

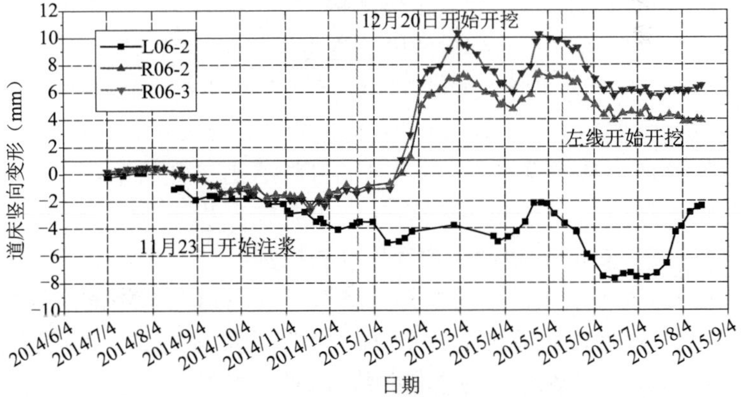

图 6.4－2　运营车站底板中部不同部位位移曲线监测图

由图可知，自下穿段开始开挖至该段开挖完成的过程中，运营车站底板左线各测点的竖向变形整体呈现沉降，且随着开挖由东向西进行，沉降增大的速率逐渐变小，变形趋于稳定；运营车站底板右线各测点的竖向变形整体呈现隆起，且随着开挖向下进行，隆起增大的速率逐渐变小，变形趋于稳定。底板中部的靠近中间位置相较于底板中部两侧的位置隆起变形更大。其中靠近运营车站底板中部的测点 R06-2 变形较大，实测开挖过程中最大沉降变形约为 8 mm，最大隆起变形约为 10 mm；数值模拟所得的最大沉降变形约为 2 mm，最大沉降变形约为 3.6 mm。通过对比分析可知，数值计算的变形规律与监测结果基本一致，且小于结构变形监测控制值 10.0 mm，可见对运营车站变形规律的计算所采用的数值模拟方法是可靠的。由于实际施工过程中影响因素较多，监测结果偏大，超过结构变形监测控制值 10.0 mm，与数值计算结果存在数值差异，但在实际中不影响运营车站的结构安全，建议可适当提高结构变形监测控制值。

6.5 小　结

采用自动化监测配合人工监测的方法，就地铁区间矿山法隧道零距离下穿对运营车站结构的影响进行了施工监测，结论如下：

(1)底板竖向变形。隧道开挖时运营车站的左线监测曲线：从整体看以沉降变形为主，最大沉降变形达到 8.2 mm 左右；隧道开挖时运营车站的右线监测曲线：隧道开始开挖后由于开始注浆并施作混凝土结构等原因，对运营车站右线底板有较大扰动，造成道床隆起，最大可达 12.0 mm，超过结构变形监测控制值 10.0 mm。

(2)运营车站腰拱竖向变形。隧道开挖时运营车站的左线监测曲线：从整体看以沉降变形为主，最大沉降变形达到 12 mm 左右；隧道开挖时运营车站的右线监测曲线：隧道开始开挖后由于开始注浆并施作混凝土结构等原因，对运营车站右线底板有较大扰动，造成腰拱抬升，最大可达 4.7 mm，小于结构变形监测控制值 10.0 mm。

(3)运营车站腰拱水平变形。隧道开挖前由于新建地铁站施工的扰动，各监测点的水平变形表现为腰拱向内侧变形，最大约2 mm，在双线隧道下穿段开始施工，各监测点开始向腰拱内侧变形，水平变形量逐渐增大，最大达到 2 mm，之后随着开挖对土体造成较大的扰动又出现向隧道腰拱向外侧变形，最大达到 3.2 mm，远小于结构变形监测控制值 10.0 mm。

(4)运营车站隧道腰拱与道床的竖向差异变形。隧道开挖时运营车站的左线监测曲线：腰拱相对于道床有较大竖向沉降变形，最大可达 7 mm；隧道开挖时运营车站的右线监测曲线：腰拱相对于道床有较大竖向沉降变形，最大可达 4.5 mm。均超过差异变形监测控制值 4.0 mm/10 m。

(5)自下穿段开挖至基本开挖完成的过程中，运营车站底板左线各测点的竖向变形整体呈现沉降，且随着开挖向下进行，沉降增大的速率逐渐变小，变形趋于稳定；运营车站底板右线各测点的竖向变形整体呈现隆起，且随着开挖向下进行，隆起增大的速率逐渐变小，变形趋于稳定。

(6)实测开挖过程中最大沉降变形约为 8 mm，最大隆起变形约为 10 mm；数值模拟所得的最大沉降变形约为 2 mm，最大沉降变形约为 3.6 mm。通过对比分析可知，数值计算的变形规律与实测资料基本一致，且小于结构变形监测控制值 10.0 mm。由于实际施工过程中影响因素较多，监测结果偏大，超过结构变形监测控制值 10.0 mm，且隆起由注浆引起的。

第7章　主要结论

7.1　研究结论

深圳地铁7号线皇岗村站—福民站区间隧道在富水软弱地层条件下零距离下穿运营4号线福民站在空间上为立体交叉施工，采用矿山法开挖矩形断面，导致施工过程中运营车站结构受力复杂，且变形控制标准要求高，即列车运行对轨道竖向变形和两轨间的横向高差有着严格要求，即使是微小的变化都可能对列车安全运行构成严重影响，施工难度大、风险高。因此，有必要专题研究下穿施工对运营车站结构变形的影响及其控制技术。

本书在分析富水强风化花岗岩全断面深孔注浆和渗流特性基础上，阐明了皇岗村站—福民站区间下穿段隧道施工过程中运营4号线福民站的力学行为演化过程，提出了零距离下穿运营车站时的结构变形特点和力学行为，形成了地铁区间隧道零距离下穿运营车站矿山法施工关键技术。主要结论如下：

1. 富水强风化花岗岩全断面深孔注浆和渗流特性

(1)建立了多孔介质中浆液的扩散模型，利用COMSOL Multiphysics多物理场耦合软件，考虑应力场与渗流场的耦合作用。随着注浆时间的推移，注浆半径呈幂指数形式增大，注浆前期，注浆半径增幅较大，注浆后期，注浆半径随注浆时间的推移增速缓慢。因此，合理布置注浆孔数目将大大提高注浆效率。

(2)当注浆半径小于0.2 m时，此时由于浆液流动速度较大，浆液剪应力较大，所以注浆压力迅速增大；当注浆半径大于0.2 m时，浆液流动速度逐渐减小，浆液剪应力较小，所以注浆压力增幅不大。孔隙内浆液压力随浆液半径呈对数形式分布，在1倍注浆孔半径范围内迅速减小，大致减小为注浆压力的一半，在1倍注浆范围外，浆液压力逐渐减小，并最终等于孔隙内大气压值。

(3)通过二维注浆范围数值模拟，进行瞬态分析，模拟出不同时刻的注浆范围以及注浆效果。结果显示，注浆圈首先在拱顶和边墙处闭合，在隧道拱腰和拱脚处最后闭合，因此应在拱腰和拱脚处合理加密注浆孔或者增加注浆时间，以保证注浆质量。

(4)通过三维注浆范围模拟，进行瞬态分析，模拟出浆液在注浆管纵向的分布范围。结果显示，浆液不仅向前方和两侧扩散，而且还会向后方扩散，因此不应在某一区间内停留太久，否则浆液将封堵住后方的孔隙，导致后续注浆不能得到良好的注浆效果。在 xy 平面内，浆液呈均匀性扩散，但是在 yz 平面内则呈现不均匀性扩散，在端头开口出会出现欠注浆区。

(5)通过二维渗流分析，模拟出降水条件下隧道开挖后的渗流场的稳态状态，结果显示，在隧道透水时，掌子面底部出现渗流真空区，但是随着渗流状态逐渐稳定，隧道下部的渗流真空区域逐渐变小，最终集中到隧道底部；在隧道不透水时，在隧道顶部土体中的有效饱和度相较于同一平面内的其他地方要增大，在隧道底部会形成渗流真空区域。在自然水面条件下，隧道开挖后，隧道上方形成渗流漏斗，在隧道不同埋深下，计算范围边界处的孔隙压力分布也有差异，埋深越浅，边界处的孔隙压力与初始值越接近。

(6)通过三维渗流分析，对不同的渗流场方向进行了对比分析，结果显示，掌子面出渗出的地下水主要来自掌子面横截面渗流场上游的地下水，在渗流场自上而下时，通过掌子面的地下水在流线上的流速逐渐降低，而在沿隧道纵向和隧道横向时，通过掌子面的地下水在流线上的流速逐渐增大。

(7)通过流固耦合分析，在有渗流场和无渗流场两种工况下，分析了土体的 Mises 等效应力分布，位移场的影响范围和掌子面的稳定性等。结果表明，当存在渗流场时，土体中的最小 Mises 等效应力发生明显增大，位移场的影响范围也发生明显增大，与此同时，掌子面的稳定性将大大降低。

2. 零距离下穿运营车站矿山法施工技术

(1)软弱地层零距离下穿运营车站全断面深孔注浆加固技术

提出了全断面注浆参数为孔间排距 60cm、注浆孔深度 9m、注浆压力小于 0.8 MPa,注入率小于 30 L/min 采用水灰比为 1∶1 的纯水泥浆液,当注入率大于 30 L/min 时采用双液浆,并建立了双液浆配比、注浆结束条件以及注浆效果检验方法。

(2)形成了零距离下穿隧道开挖与支护技术,包括地连墙拆除,全断面注浆加固及下穿段开挖初期支护。开挖支护加固过程中,支撑钢架安装应及时进行并保证与运营车站结构底板密贴牢固,及时有效的支护是控制变形的关键;回填及补偿注浆可以在施工过程中对变形影响进行一定程度的调节,是控制变形的有效手段,保证了地下车站工程质量。

(3)形成了零距离下穿隧道二次衬砌施工技术,包括防水、钢筋、模版、混凝土施工及回填注浆,并建立质量保证体系,保证了新建隧道工程质量。

(4)形成了零距离下穿隧道临时支撑拆除技术,在隧道沉降、收敛变形趋于稳定时进行临时支撑拆除,确定临时支撑拆除时机,以确保新建隧道工程质量及严格保证运营营运车站变形在控制指标之内。

3. 零距离下穿对运营车站结构的影响分析

(1)双线先右后左开挖。随着双线隧道先右后左开挖至下穿段总体开挖完成并施作衬砌:运营车站底板中部西侧呈沉降趋势,在左右线施作衬砌时出现较大沉降(1 mm),整体最大沉降值约 2 mm;运营车站底板中部呈隆起趋势,在右线施作衬砌和左线开挖等多重影响因素下突然增大,在左线开挖至 12 m 以后隆起变形逐渐减少,最大隆起值约 3.6 mm;运营车站底板中部东侧呈隆起趋势,但整体变形较小,受左线施工影响在左线开挖后出现较小回弹,最大隆起值约 0.6 mm。随后在左线隧道施作衬砌的过程中,运营车站底板整体呈下沉趋势,底板中部下沉约 0.5 mm,中部两侧下沉约 1 mm。

（2）双线同时开挖。随着双线隧道同时开挖至下穿段总体开挖完成：运营车站底板中部西侧呈沉降趋势，最大沉降值约 1 mm；运营车站底板中部呈隆起趋势，最大隆起值约 0.8 mm；运营车站底板中部东侧呈隆起趋势，最大隆起值可达 4.5 mm。随后在双线隧道施作衬砌的过程中，运营车站底板整体呈下沉趋势，底板中部下沉约 1 mm，中部两侧下沉约 2 mm。

（3）两种工况对比可得。两种工况下运营车站底板中部的变形趋势基本一致，但双线先后开挖时底板中部的竖向变形相对于双线同时开挖时底板中部的竖向变形趋势较缓；双线先后开挖时运营车站底板中部的最大变形量为 3.6 mm，双线同时开挖时运营车站底板中部的最大变形量为 4.5 mm，均表现为隆起，可以发现双线同时开挖时底板中部的变形较大。因此，双线隧道先右后左开挖方案更优。

4.零距离下穿运营车站监控量测技术

（1）采用自动化监测配合人工监测的方法，就地铁区间矿山法隧道零距离下穿对运营车站结构的影响进行了施工监测，并通过监测分析了运营车站腰拱竖向和水平变形、底板竖向变形、腰拱与道床的竖向差异变形规律，

（2）自下穿段开挖至基本开挖完成的过程中，运营车站底板左线各测点的竖向变形整体呈现沉降，且随着开挖向下进行，沉降增大的速率逐渐变小，变形趋于稳定；运营车站底板右线各测点的竖向变形整体呈现隆起，且随着开挖向下进行，隆起增大的速率逐渐变小，变形趋于稳定。

（3）实测开挖过程中最大沉降变形约为 8 mm，最大降起变形约为 10 mm；数值模拟所得的最大沉降变形约为 2 mm，最大沉降变形约为 3.6 mm。通过对比分析可知，数值计算的变形规律与实测资料基本一致，且小于结构变形监测控制值 10.0 mm。由于实际施工过程中影响因素较多，监测结果偏大，超过结构变形监测控制值10.0 mm，且隆起由注浆引起的。

7.2 经济社会效益

在皇岗村站—福民站矿山法区间左右线隧道零距离下穿运营 4 号线福民站施工过程中，课题组采用理论分析、数值模拟和现场监测分析等相结合的方法进行研究，形成了地铁区间隧道零距离下穿运营车站矿山法施工关键技术，实现了皇福区间零距离下穿 4 号线福民站的安全、快速施工。地铁富水复杂地层区间注浆加固施工工法和富水软弱地层零距离下穿既有地铁车站暗挖隧道施工工法获批中国电力建设集团工法。

在皇岗村站—福民站矿山法区间左右线隧道零距离下穿运营 4 号线福民站施工过程中，采用地铁区间隧道零距离下穿运营车站矿山法施工关键技术，以“CRD 工法＋全断面加固注浆”施工替代冷冻法施工，节约工程造价约 680 万元，并有效缩短工期 4 个月，节约各种管理成本约 160 万元，共计产生经济效益约 840 万元。

该科研技术的应用，使整个施工过程处于安全、稳定、优质的可控状态，保证了隧道与周边建筑物的稳定性和安全性以及运营 4 号线福民站的正常、安全、顺利运行，受到了港铁的高度表扬及其他各单位的一致好评，充分证明了该施工关键技术先进，成熟，可靠，值得在类似工程中推广应用。

参考文献

[1] Burland J B, Standing J R& Jardine F M. Building Response to unnelling, ease studies from construction of the Jubilee Line Extension, London[J]. Thomas Telford Publishing, 2001(2):509-545.

[2] Lunardi P& Cassani G. Construction of an underpass at the Ravone railway yard in the city of Bologna[C]. Progress in Tunneling After 2000, 2001, 3: 319-328.

[3] Chang S B& Moon S J. A case study on instrumentations of a large section tunnel crossing existing subway structure[C]. proceeding of the KGS 2000 Spring Conference: 56-59.

[4] 刘国彬,李志高,吴小将.明珠二期施工对环境影响的二维有限元分析[J].地下工程学报,2005,1(3):460-463.

[5] 韩建坤.北京地铁地铁暗挖车站穿运营线注浆施工技术[J].铁道,2005(1):69-71.

[6] 北京市轨道交通建设管理有限公司,北京城建促进处.北京地铁工程过运营线施工经验交流会会议资料,2006年6月25日.

[7] 庄茁.基于ABAQUS的有限元分析和应用[M].北京:清华大学出版社,2009.

[8] 徐秉业,刘信声.应用弹塑性力学[M].北京:清华大学出版社,1995.

[9] 李铁林.关于高铁车站施工组织管理的几点体会[J].铁道建筑技术,2014,1(4):131-137.

[10] 王洪德,马云东,崔铁军.地铁施工过程数值仿真及安全性分析[M].北京:清华大学出版社,2013.

[11] 刘建国.深圳地铁盾构隧道技术研究与实践[M].北京:人民交通出版社,2011.

[12] 王子甲.双线暗涵近距离下穿运营地铁车站的影响及变形控制研究[D].北京:北京交通大学,2009.

[13] 姚海波.大断面隧道浅埋暗挖法下穿运营地铁构筑物施工技术研究[D].北京:北京交通大学,2005.

[14] 张明聚,王磊,王双龙. 浅埋暗挖地铁车站近接施工变形分析. 工程地质学报[J],2006(5):68-70.
[15] 朱衍峰. 地铁新建隧道穿越运营线车站的施工力学分析[D]. 成都:西南交通大学,2007.
[16] 王海祥,李健旺,温向东. 北京地铁 10 号线零距离下穿运营地铁区间浅埋暗挖工程的设计与施工[J]. 深基坑工程设计与施工,2007(5): 35-41 .
[17] 马锁柱,冻浩. 地铁车站下穿运营地铁隧道的暗挖法施工[J]. 现代城市轨道交通,2006(3):38-42.
[18] 高亚彬,罗富荣. 新建地铁穿越运营轨道交通线路施工的风险控制[J]. 地质装备,2006,3(7):28-30.
[19] 张晓丽. 浅埋暗挖法下穿运营地铁构筑物关键技术研究与实践[D]. 北京:北京交通大学,2007.
[20] 张小旺. 浅埋隧道施工过程仿真分析[D]. 郑州:郑州大学,2007.
[21] 吴波. 复杂条件下城市地铁隧道施工地表沉降研究[D]. 成都:西南交通大学,2003.
[22] 吴海洋. 京地铁新建隧道穿越运营地铁车站影响及安全控制措施研究[D]. 北京:北京交通大学,2012.
[23] 王占生,张顶立. 浅埋暗挖隧道近距下穿运营地铁的关键技术[J]. 岩土力学与工程学报备,2007,12(26):4209-4216.
[24] 姜景山,陈浩,张洪威. 崇文门车站下穿地铁运营线施工变形控制措施[J]. 铁道标准设计,2005(10):85-88.
[25] 何川,张志强. 南京地铁区间盾构隧道"下穿"玄武湖公路隧道施工的关键技术研究[C]//第二届中日盾构隧道技术交流会论文集. 上海:同济大学,2004: 41-48.
[26] 徐前卫,朱合华,白廷辉,等. 盾构穿越超近距离运营隧道的施工影响分析[C]//第二届中日盾构隧道技术交流会论文集. 上海:同济大学,2004:216-220.
[27] 杨敏,侯学渊. 软土地基变形控制设计理论和工程实践[M]. 上海:同济大学出版社,1996.